TRÄUME

DOUGLAS CLUCAS

Parragon
Bath • New York • Singapore • Hong Kong • Cologne • Delhi
Melbourne • Amsterdam • Johannesburg • Auckland • Shenzhen

INHALT

LEKTORAT: Guy Croton
LAYOUT: Philip Clucas MCSD

Queen Street House
4 Queen Street
Bath BA1 1HE, UK

Realisation der deutschen Ausgabe: trans texas publishing, Köln
Übersetzung: Kirsten E. Lehmann, Köln
Lektorat: Ralf Burau, Mönchengladbach

ISBN 978-1-4454-3205-2
Printed in China

DIE WELT DER TRÄUME

Wir schlafen, damit sich Körper und Geist erholen. Jede Nacht durchläuft unser Schlaf verschiedene Phasen. Zunächst entspannt sich unser Leib in einem leichten Schlaf, der mehr und mehr in einen Tiefschlaf mündet. Träume entstehen während der weniger tiefen Schlafphasen, in denen unser Geist, unsere Gedanken noch aktiv sind. Sie spiegeln weniger ein direktes Abbild unseres Wachlebens wider; vielmehr sind sie die Wendung, die die Psyche unseren Wünschen und Ängsten gibt. Es lassen sich zehn verschiedene Traumarten unterscheiden.

Psychologische Heilträume Obwohl diese Träume manchmal beängstigend sein können, unterscheiden sie sich von Albträumen, denn sie repräsentieren reale Situationen aus unserem Alltag. Sie treten vielfach in Stress- oder Entscheidungssituationen auf und sollten nicht als negativ betrachtet werden, da sie heilen und helfen können, uns von negativen Gefühlen zu befreien.

Glaubensträume Träume spielen in allen Weltreligionen eine Rolle. Von Jakobs Traum der Engelsleiter bis hin zu Mohammeds visionärer Inspiration zu seinem religiösen Auftrag haben Traumweisheiten nicht nur religiöse Bedeutung, sie prägten auch den Gang der Weltgeschichte. Aufgrund ihrer Bedeutung waren die Menschen seit jeher fasziniert von Träumen und bestrebt, sie zu verstehen und zu analysieren. Deshalb entwickelte jede Kultur eigene Traumanschauungen.

Problemlösende Träume In diesen Träumen kommt häufig ein „Führer" vor, der Schlafenden eine wichtige Botschaft vermittelt, die ihnen dabei hilft, Probleme im Wachleben zu lösen. Die Identität dieses Führers ist gleichfalls von großer Bedeutung.

Oben *Das 15 000 Jahre alte Höhlengemälde porträtiert vermutlich einen Zauberer in Gestalt eines Hirschen. Indem sie von ihrer Beute träumten, errangen Schamanen der Stammesgesellschaften Macht über sie.*

SICH LEITEN LASSEN Spirituelle Führer treten in Gestalt eines Freundes oder Fremden, bisweilen auch eines Tieres auf. Sieht sich der Träumende als Schiffbrüchiger, kann er von einem Delfin zurück ans Ufer geführt werden.

Die Welt der Träume

Oben *Kindheitsbilder kommen häufig in Träumen vor, da sie eine sorglose Zeit repräsentieren – als wir beschützt und geliebt wurden. Träume dieser Art verkörpern den Wunsch nach Sicherheit und Stabilität.*

Psychologische Träume Manche Träume sind der direkte Ausdruck emotionaler, psychologischer oder physischer Wünsche. Zu träumen, man sei durstig, kann manchmal einfach die Tatsache ausdrücken, dass der Körper Flüssigkeit braucht. Wer träumt, er wandelt über einen zugefrorenen See, mag auf diese Weise gesagt bekommen, dass er eine weitere Decke benötigt. Dies wirkt sich auf unsere Gefühlswelt aus, in der sich Bewusstes und Unbewusstes ineinander verschränken.

Alltagsträume Träume über vertraute Personen, Orte und Ereignisse kann man als bedeutsam erleben – weil sie so real scheinen. Sie gehören jedoch zu den weniger aufschlussreichen Träumen, da sie nur ein Echo unseres Wachlebens darstellen. Solche Träume können durch reale Störungen verursacht werden; so kann etwa ein Traum, in dem jemand fährt, durch dumpfe Verkehrsgeräusche, die durchs Fenster dringen, ausgelöst werden.

Kompensationsträume Manche Träume erlauben uns, Dinge zu tun, die wir in wachem Zustand niemals auch nur zu denken wagen würden. Andere wiederum offenbaren die Schattenseiten unserer Persönlichkeit. Zurückhaltende Menschen können Träume von eigener Großspurigkeit haben – und sexuell Unterdrückte von sich als promisk und heißblütig träumen. Solche Träume dienen dazu, die Persönlichkeit auszubalancieren, und erlauben jene Gefühle, die wir normalerweise nicht zulassen.

Wiederholungsträume Träume, die sich wiederholen, sind ein Zeichen für ungelöste Probleme. Unsere Psyche erinnert uns im Schlaf an Ängste sowie an den Stress oder Druck, unter dem wir leiden. Solche Gefühle können auf unzählige Weise zum Ausdruck kommen. Findet unser Geist eine besonders effektive Möglichkeit, diese Spannungen zu beleuchten, wird er diese wiederholen, bis das Problem gelöst ist, das den Träumenden beschäftigt.

Klarträume Hierbei wissen Schlafende häufig, dass sie träumen. Der Traum fühlt sich real an, doch Personen und Ereignisse werden vielfach übertrieben. Der Träumende kann die Träume bisweilen zu seinem Vorteil manipulieren; so dienen sie als Werkzeug, um neue Perspektiven zur Lösung von Konflikten zu finden.

Warnende, hellsichtige Träume Die meisten Menschen hatten schon Traumvisionen, die später vermeintlich wahr wurden. Solche Träume offenbaren weniger Fähigkeiten des Hellsehens, sondern kommen häufig vor. Am Tag nimmt unser Gehirn, bewusst und unbewusst, eine Fülle von Informationen auf – darunter Anzeichen für Ereignisse oder das Verhalten anderer Menschen, besonders derer, die uns nah sind. Wenn sie sich dann so verhalten, wie wir es „vorhergesehen" haben, stellt dies keine Prophezeiung dar, sondern offenbart nur die Entwicklung dessen, was unser Unbewusstes aus bereits Erlebtem folgert.

Albträume Sie sind die anstrengendsten aller Träume und werden in diesem Buch detailliert betrachtet. In ihnen werden Sorgen repräsentiert, auf die das Unbewusste unsere Aufmerksamkeit mithilfe von Angst lenkt. Obwohl Träume uns niemals körperlichen Schaden zufügen können – denn selbst vordergründig verstörende Träume sollen uns helfen –, können anhaltende Albträume uns zusetzen. Deshalb sollten sie einem Freund oder Psychologen anvertraut werden.

Oben *Albträume wurden als das Werk von Dämonen angesehen, bei denen der „Inkubus" auf dem Träumenden saß und ihn mit beängstigenden Visionen quälte. Albträume zu verstehen kann jedoch die Lebensqualität verbessern.*

Unten *Die Römer glaubten, Träume enthielten Geheimnisse. In einigen Tempeln konnten Paare gegen Bezahlung schlafen – in der Hoffnung auf Offenbarungen.*

Durch Träume können wir uns auf den Stress im Alltag vorbereiten.

INSPIRATION UND ANALYTIKER

Viele Musiker, Künstler, Schriftsteller und Erfinder geben an, durch Träume inspiriert zu werden. Unser Geist saugt, bewusst wie unbewusst, täglich eine Fülle Informationen auf; im Schlaf, wenn der Körper sich ausruht, können diese Informationen weitaus effektiver bewertet werden. Auch wenn viele Ideen bizarr oder zu extrem erscheinen, um uns weiterzuhelfen – sie entstehen oftmals aufgrund des Zusammenspiels von schlafendem Geist und einer blühenden Fantasie, die im Wachzustand niemals an die Oberfläche gekommen wäre.

Das vielleicht tiefgründigste, durch Klarträume inspirierte Werk ist *Alice im Wunderland* des englischen Mathematikers Charles Lutwidge Dodgson (Lewis Carroll). Darin verschmelzen surreale Traumelemente zu einem Buch, nicht nur über Träume, sondern über das Träumen selbst. Desgleichen gab die englische Schriftstellerin Mary Shelley an, die Inspiration zu ihrem Buch *Frankenstein* durch einen Traum erhalten zu haben, den sie im Anschluss an ein Gespräch mit ihrem Bruder Percy Bysshe Shelley sowie Lord Byron über das Übernatürliche hatte. Anders jedoch als Lewis Carroll, der die widersprüchliche und täuschende Natur des Träumens selbst thematisierte, formulierte sie ihre Ideen direkt auf Grundlage ihrer Traumbilder.

Der spanische Maler Salvador Dalí sagte von seinen Bildern, sie seien das Porträt der Realität, wahrgenommen durch das Unterbewusstsein; er nahm wesentliche Elemente der Traumdeutung in sie auf und schuf Landschaften, die verstellt und unwirklich, uns aber zugleich quälend vertraut erscheinen.

Der englische Dichter William Shakespeare spricht in seinen Werken häufig über Träume und ihren Einfluss auf seine Figuren. *Ein Sommernachtstraum* ist ein Stück über das Träumen und zugleich eine Analogie darüber – es beschreibt Verwirrungen, wie sie bisweilen im Schlaf entstehen. Manche sehen in der Schlüsselszene in *Hamlet* – zwischen dem Titelhelden und seinem Vater – ebenfalls einen Traum, mit dem der Dichter uns warnt, Träume wörtlich zu nehmen.

Die bedeutenden Traumanalytiker

Heute geht man davon aus, dass Träume Erinnerungen darstellen – und zwar bewusst erlebte Erinnerungen und Bilder, die unser Unterbewusstsein im Wachzustand aufnimmt.

Unten rechts
Das Shakespeare-Fenster der Southwark Cathedral in London – die Werke des Dichters sind übersät mit Anspielungen auf den Schlaf und die Welt der Träume.

Nur selten sind die Bilder in unseren Träumen rein abstrakt. Sie werden zum Beispiel durch Gespräche, die wir zwar nicht bewusst registriert, aber dennoch mit angehört haben, inspiriert, oder durch Bilder, die so schnell an uns vorüberziehen, dass unser Verstand sie in diesem Moment nicht „begreift". In jedem Fall sind es die Emotionen, die solche Impulse auslösen und die für das Verstehen der Träume von zentraler Bedeutung sind.

Sigmund Freud ist der bekannteste der großen Traumdeuter. Er betonte die Rolle des Unterbewusstseins bei der Traumgestaltung und stellte fest, dass Träume auf zwei Ebenen wirken: auf der manifesten Ebene des Bewusstseins ebenso wie auf der latenten des Unterbewusstseins. Sexuelle oder gewalttätige Träume werden vom Unterbewusstsein ausgedrückt – frei von persönlichen oder gesellschaftlichen Tabus – und stellen seiner Theorie zufolge unerfüllte Wünsche dar.

Alfred Adler entwickelte die Theorie der Individualpsychologie und hob die Bedeutung der eigenen Wünsche hervor, die in Träumen sichtbar werden; demnach können beispielsweise Gefühle des Versagens in der Kindheit später im Erwachsenenleben in Ermächtigungsträumen zum Ausdruck kommen.

Carl Gustav Jung führte den Gedanken des „Kollektiven Unbewussten" als evolutionäre Entwicklung der menschlichen Psyche ein und nahm eine universelle Symbolsprache an (die Archetypen), mit deren Hilfe sich individuelle Träume – unabhängig von Kultur, Religion und Glauben – deuten lassen.

Oben rechts *Carl Gustav Jung stellte den universellen Symbolismus von Träumen ins Zentrum seiner Werke, anstelle der individuellen Persönlichkeit.*

Oben links *Sigmund Freud sah die Bildsprache sexueller Träume übersät mit phallischen Symbolen – wie sich aufbäumende Schlangen, Gewehre und Schlüssel.*

VERTRAUTE MERKMALE

Wo wir leben und was wir essen – beides ist uns Menschen wichtig und bildet die Grundlage für ein behagliches und sicheres Leben. Kein Wunder also, dass Wohnung und Nahrung eine zentrale Rolle in Träumen spielen. Das Haus wird symbolisch oft mit dem Bauch der Mutter in Verbindung gebracht – ein Kokon, in den keine Macht von außen eindringt. In Träumen ist das Zuhause der Ort, an den wir uns in Zeiten der Unsicherheit zurückziehen und der uns vor allem schützt, was uns bedroht. Daher sind Träume vom Zuhause ein positives und gesundes Zeichen.

Das Haus Ihrer Träume

Jeder hat eine individuelle Vorstellung von einem Traumhaus. Für manche liegt es im Zentrum einer Großstadt, für andere am Ende der Welt. Diese Vorstellungen hallen auch in unseren Träumen wider, wo sie Auskunft geben über uns selbst und unsere Sehnsüchte nach einem Zuhause.

Ein Landhaus kann den Fluchtwunsch vor Sorgen und der Monotonie des Alltags ausdrücken und den Wunsch, die täglichen Konkurrenzkämpfe durch ein beschaulicheres Dasein zu ersetzen.

Träume vom Haus der Kindheit drücken die Sehnsucht nach einem leichteren Leben aus – wahrscheinlich haben Sie zurzeit Probleme zu bewältigen, und Ihr Unterbewusstsein sehnt sich nach der Rückkehr zu einem unbeschwerteren Leben.

Das Übertreten der Türschwelle

Nicht nur Art und Ort des Hauses sind wichtig, auch die einzelnen Elemente haben eine Bedeutung. So weist die Eingangstür auf den Weg durch bestimmte Stadien eigener Gemütsverfassung oder Überzeugungen hin. Ist die Tür verschlossen oder verriegelt, bedeutet dies eine Barriere, die nur jemand mit einem

Linke Seite *Ein Haus auf dem Land kann den Wunsch nach einem einfachen Leben und einem sicheren Ort für die ganze Familie bedeuten. Geschlossene Tore jedoch können darauf hinweisen, dass der Träumende zaghaft ist.*

Oben *Ein üppiger Garten zeigt den Träumenden als jemanden, der bereit ist, weit zu gehen und geduldig seine Ziele zu verfolgen. Von ausgedehnten Gärten hingegen träumen eher rastlose Charaktere.*

Vertraute Merkmale

Unten *Träume, in denen unser Haus brennt, können ein Hinweis auf die Wut sein, die wir tagsüber unterdrücken – und dass solche Gefühle zerstören können, was uns am teuersten ist.*

Schlüssel überwinden kann. Schlüssel wiederum symbolisieren die Fähigkeit, Schwierigkeiten zu meistern. Wer einen Schlüssel in der Hand hält, könnte die Antwort auf ein Dilemma kennen, das den Träumenden beschäftigt.

Das Zuhause im Traum

Die Räume eines Hauses haben verschiedene Bedeutungen. So symbolisiert die Dachkammer Intellekt sowie Neugier. Schlafzimmer bedeuten Sicherheit und Erholung, doch können sie ebenso sexuell konnotiert sein. Kleine und überfüllte Schlafzimmer etwa können ein Ausdruck verbotener Gefühle und heimlicher Wünsche sein.

Badezimmer stehen für Prozesse der Reinigung und des Wegwaschens vergangener Unbesonnenheiten. Schmutziges Waschwasser verweist auf Scham über einen unwürdigen Akt. Wohn- und Esszimmer repräsentieren unsere Beziehungen zu anderen Menschen. Sind andere Personen im Raum, ist deren Verhalten dem Träumenden gegenüber von Belang. Ihre Feindseligkeit deutet auf mögliche Probleme mit Freunden oder dem Partner hin; sind sie freundlich, kann dies die Wiederaufnahme alter Kontakte ankündigen.

Bedeutung von Haushaltsgegenständen

Selbst alltägliche Gegenstände bergen eine Fülle von Symbolik. Kerzen und Lampen symbolisieren den Wunsch nach Aufheiterung. Die Kerze kann aber auch den Funken der Inspiration bedeuten, der uns zu Einsichten in ein bestehendes Dilemma verhilft oder einen Hinweis für Lösungen und Auswege erhellt.

Von einem vollen Glas zu träumen, führt uns unsere positive Grundeinstellung zum Leben vor Augen – und kann eine Zeit verdienten Wohlstands ankündigen. Für das Traumbild eines leeren Glases gilt das Gegenteil.

Ein kochender Wasserkessel weist darauf hin, dass Familienprobleme bald ein Ende finden. Ist der Kessel alt und abgenutzt, kann dies bedeuten, dass noch schwierige Zeiten vor einem liegen, bevor die Dinge besser werden.

Leere Stühle sagen uns, dass wir für unsere Ziele Geduld benötigen. Ist ein Stuhl besetzt, kann dies bedeuten, dass diese Person derzeit „in Ihrem Schatten" steht – was nicht heißt, dass Sie sie aus Ihrem Leben verbannen sollten, sondern im Gegenteil: Es zeigt die Notwendigkeit, sich zunächst den Problemen anderer zu widmen und erst dann den eigenen.

Links *Gärten betonen den weiblichen Traum-Aspekt; nichts illustriert dies besser als das Gemälde* In a Shoreham Garden *des englischen Landschaftsmalers Samuel Palmer (1805–1881), in dem er dem Geist der Frühlingsfruchtbarkeit die Ehre erweist.*

Unten *Träume vom Leben in einer Stadt können das Zeichen für einen Wunsch nach finanziellem Erfolg sein.*

Wo sich Ihr ideales Zuhause im Traum befindet, kann einiges darüber aussagen, was Sie als Person antreibt – in geistiger wie in spiritueller Hinsicht.

NAHRUNG FÜRS GEHIRN

__Unten__ Man geht davon aus, dass die Symbolik von Nahrungsmitteln eher dem Zufall unterliegt. Wenn wir uns jedoch im Traum „überfressen", kehrt sich die Bedeutung des Nahrungsmittels im Einzelfall um – seien Sie daher gewarnt!

Essen und Trinken gehören zu unseren größten Genüssen. Selbst im Wachzustand träumen wir manchmal davon – kein Wunder daher, dass Bilder davon in unsere Träume vordringen.

Welche Mahlzeit wir zu uns nehmen, kann gleichfalls von Bedeutung sein. Ein gutes Frühstück spricht von einladenden Gelegenheiten, die uns erwarten. Ein heruntergeschlungenes Mittagessen weist auf Ungeduld hin, während das Abendessen viele Bedeutungen haben kann: Allein zu essen kündigt eine Neubewertung der eigenen Prioritäten an. Wer dagegen im Traum sein Mahl mit anderen teilt, wird wahrscheinlich bleibende Freundschaften schließen.

Wir sollten nie vergessen, dass wir essen, um zu leben – nicht umgekehrt.

Die wichtigsten Bestandteile

Brot bedeutet Frieden und Wohlstand. Im Traum Teig zu kneten, ist Ausdruck von Selbstvertrauen. Wer im Traum das Brot mit anderen bricht, offenbart, wie wertvoll ihm Freundschaften sind.

In der Traumdeutung gilt die Kartoffel als Bild häuslicher Stabilität wie als Antwort auf handfeste Probleme. Kartoffeln zu essen verrät Verschwiegenheit – allerdings mit einem deutlichen Mangel an Fantasie.

Fleisch repräsentiert Lust und aufgestaute Gefühle – und zeigt die „Sünden des Fleisches" auf: Eine lieblose sexuelle Begegnung wird mit zwei toten Körpern verglichen, die zwar beieinander bleiben, aber leer und ohne Seelen sind.

Reis bedeutet Vertrauen in eigene unternehmerische Vorhaben.

Oben *Träume von Karotten bedeuten Glück und gute Gesundheit. Träumt eine Frau von ihnen, kann dies für die Zukunft eine große Familie bedeuten.*

Grüne Küche

Träume vom Gemüse-Anpflanzen deuten auf die Notwendigkeit einer Zukunftsplanung; wer sie träumt, sollte sich stärker um seine Zukunft als um seine Gegenwart kümmern.

Wer Gemüse erntet, wird bald belohnt werden. Ist jedoch die Ernte faul und verschimmelt, erhält der Träumende einen Hinweis darauf, dass seine Pläne zu scheitern drohen. Im Traum hat jede Gemüsesorte und ihr Zustand eine gesonderte Bedeutung: Verwelkter Kohl bedeutet Enttäuschung in der Liebe; fauliger Blumenkohl signalisiert Versagen aufgrund vernachlässigter Pflichten; schimmelige Zwiebeln sprechen von Neid und Groll.

Tomaten zu pflücken kündigt Pech und üble Nachreden an – sie zu essen deutet dagegen auf eine Wiederherstellung verlorengegangener Wertschätzung.

Verbotene Früchte

Früchte beinhalten eine Fülle sexueller Symbolik. Kirschen gelten als Frucht der Wollust; ihre Form erinnert an erogene Zonen – in Träumen kündigen sie eine sexuelle Begegnung an.

Dank Evas Geschenk an Adam verbinden wir den Apfel mit den Erbsünden; in der Traumdeutung impliziert sein Bild Zurückhaltung gegenüber einem Leben, das von der Libido beherrscht wird.

Unten *Im Traum einen Pfirsich zu essen wird als Indiz für zukünftiges Glück angesehen. In China gelten Pfirsiche als glückverheißend; dort werden sie mit Shou Hsing assoziiert, dem Gott für ein langes Leben.*

Vertraute Merkmale

Oben links *Wer von Wein oder Champagner träumt, erhält einen Hinweis auf die Notwendigkeit zu mehr Diskretion, um Kritik zu vermeiden.*

Oben rechts *Im Traum Eis zu essen kann eine Verbindung zu unserem „inneren Kind“ offenbaren; diese Träume kündigen Erfolg in Unternehmungen an.*

Orangen sprechen von kurzen, aber süßen Begegnungen, Trauben von einer anhaltenden und zärtlichen Verbindung und Erdbeeren von der wahren Liebe. Zitronen repräsentieren Bitterkeit und Eifersucht, Brombeeren und Himbeeren sprechen von emotionalen Verstrickungen und Untreue.

Unartig ... aber lecker!

Kuchen sind Sinnbild des Gebens. Wer träumt, ihm oder ihr wird ein Stück Kuchen überreicht, kann davon ausgehen, geschätzt zu werden. Wer im Traum seinen Kuchen mit anderen teilt, sieht darin die eigene Großzügigkeit gespiegelt. Es kann auch ein Hinweis auf die Tendenz sein, freundschaftliche Gefühle nicht auf wenige Personen zu beschränken, sondern Zuneigung gern in größerem Rahmen auszuleben. In diesem Zusammenhang bedeuten Gebäckstücke innige Freundschaften, während Plätzchen ein Ausdruck von Wärme und Freigiebigkeit sind.

Kindheitsgelüste wie etwa Eis wecken leicht das „innere Kind“ in uns. Pudding oder ein Lutscher im Traum können das Wiedersehen mit Freunden aus der Kindheit ankündigen – vielleicht sogar mit einem einstigen Schwarm.

Exzesse

Von einem reichhaltigen Bankett unter vielen Gästen zu träumen scheint verlockend; doch das üppige Essensangebot lenkt Träumende vielfach von der Tatsache ab, dass häufig niemand mit ihnen spricht und sie selten etwas essen. Solche Träume symbolisieren daher oft Krankheit oder soziale Ausgrenzung.

Im Traum zu viel zu essen zeigt einen Mangel an Selbstkontrolle. Wer davon träumt, permanent zu essen und sich doch niemals satt zu fühlen, wird auf fehlende Anerkennung im Leben hingewiesen. Vielleicht wäre es besser, den Job zu wechseln oder ein Ehrenamt anzunehmen, um dem eigenen Leben einen neuen Sinn zu verleihen.

Manchmal werden wir im Traum von den Nahrungsmitteln verletzt, nach denen wir uns sehnen. Wir sehen, wie wir buchstäblich „auf der Bananenschale ausrutschen" oder etwas essen, von dem wir wissen, dass es giftig ist. Solche Träume warnen uns davor, dass manchmal diejenigen Dinge, mit denen wir uns eigentlich etwas Gutes tun wollen, uns oftmals eher schaden.

Süsses Schokolade gilt als Symbol für den Wunsch nach Reichtum. Wer im Traum Schokolade isst, gibt sein Vermögen gern aus; wer seine Schokolade aufhebt, zeigt eine bedachtere Haltung gegenüber der Zukunft.

Rechts *Frisches und klares Wasser symbolisiert Gesundheit und innere Reinigung. Warmes Wasser zu trinken bedeutet Krankheit.*

Alkohol ist zweideutig: Wer einen Drink mit Freunden genießt, erhält ein Zeichen für soziales Eingebundensein; Rausch hingegen lässt Schande und Scham erahnen.

ARBEITEN UND SPIELEN

Arbeit kann unser Leben ausfüllen; daher ist es nur natürlich, wenn sie uns auch in unseren Träumen beschäftigt. Aber es ist wichtig, dass wir den Stress ausgleichen – und selbst Freizeitbeschäftigungen im Traum offenbaren manches über unser Leben. Dieses Kapitel beschreibt zunächst, wie der Beruf unsere Träume beeinflusst. So können Lehrer davon träumen, die Kontrolle über ihre Klasse zu verlieren, oder Bauherren sehen ihre Gebäude einstürzen. Solche Träume stellen keine Voraussagen dar; sie ermahnen uns vielmehr, eine Auszeit zu nehmen.

Ängste und Beruf

Stress im Arbeitsleben beschäftigt uns alle hin und wieder. Auch wenn wir versuchen, ihn vor anderen zu verbergen, entkommen wir ihm innerlich nicht – und oftmals beeinflusst er unsere Träume.

Ein in Träumen häufig auftauchendes Bild ist das Zahnrad. Es entspringt dem Gedanken, dass wir alle Räder in einem gigantischen Getriebe sind (*linke Seite*).

Wenn Sie träumen, dass Sie zu viel zu tun und nicht genug Zeit haben, um alles zu erledigen, ist das ein Zeichen für Probleme mit dem Zeitmanagement. In diesem Fall ist es ratsam, sorgfältig zu planen.

Im Traum den Job zu verlieren offenbart, wie wichtig dem Träumenden die Arbeit ist, prophezeit ironischerweise aber auch Aussichten auf Erfolg und eine mögliche Beförderung.

Oben *Die Mühen der Arbeit nehmen im Traum manchmal die Gestalt eines Athleten auf seiner Bahn an, der läuft und läuft und läuft – Zeit für einen Urlaub.*

Der Beruf kann uns im Leben wie auch im Traumerleben aufzehren.

Symbolik des Arbeitsplatzes

Wir verbringen viel Zeit am Arbeitsplatz und so finden vielfältige Bilder aus dem Beruf ihren Weg in unsere Träume. Ihre Objekte sind jedoch oft mehr als nur Reflexionen unserer Tätigkeiten bei Tage – jedes birgt eine einzigartige Symbolik. So stellt im Traum ein Büro selten geschäftliche Angelegenheiten dar.

Rechts *Der Traum von einem entscheidenden Meeting (während man gleichzeitig gegen die Uhr ankämpft) legt dem Träumenden eine wichtige und rechtzeitige Entscheidung im realen Leben nahe.*

Normalerweise sind Träume stärker mit dem Liebesleben der schlafenden Person verbunden als mit ihrem Berufs- und Arbeitsleben.

Von der Arbeit in einem Büro zu träumen weist darauf hin, dass man seine Lieben vernachlässigt hat und stärker seine Zuneigung zeigen sollte. Wenn Sie sich im Traum in dem Büro eines anderen sehen, so zeigt das Ihre emotionale Verbundenheit mit dieser Person. Wer sich an einem neuen Arbeitsplatz einrichtet, erhält den Hinweis auf eine in die Brüche gehende Freundschaft oder Liebesbeziehung.

Im Traum ergreift das Unbewusste von allen Objekten Besitz, die symbolische Aussagekraft besitzen. So laden Bürogegenstände regelrecht zur Interpretation ein: Ein unaufgeräumter Schreibtisch voller Papiere weist auf vorschnelle Entscheidungen hin, die den Träumenden teuer zu stehen kommen können. Computer symbolisieren Ordnung und Logik; sie im Traum nicht bedienen zu können, kann bedeuten, dass der Schlafende sich in der Handhabung von technischen Geräten unsicher fühlt oder dass ein bestimmtes Projekt ihn überfordert.

Von den zahlreichen Metaphern aus dem Arbeitsleben schleicht sich eine mehr als alle anderen in unsere Träume ein: jene vom Erklimmen der Karriereleiter. Sie zeigt die Anstrengung, mit der wir unsere Ziele verfolgen – ob im Beruf oder in anderen Lebensbereichen.

Zu spät Pünktlichkeit im Traum ist ein Indiz dafür, dass der Träumende eine wichtige Entscheidung zu treffen hat.

Rechts *Der Traum vom Nest mit goldenen Eiern kündigt eine unerwartete gute Neuigkeit an – oder auch schnelle Genesung von einer Krankheit.*

Geld zählt!

Von Geldknappheit zu träumen, bedeutet Angst vor Krankheit und Tod oder auch negative Selbstwertgefühle. Häufig träumen Menschen davon, Geld zu finden; dies gilt als Zeichen für zukünftiges Glück – jedoch nur, wenn es vernünftig ausgegeben wird. Andernfalls kehrt sich die Bedeutung des Traumbilds um, und der Träumer weiß die Gelegenheit, die ihm offeriert wurde, nicht zu nutzen. Sein Geld im Traum weise anzulegen, deutet einen methodischen Charakter an. Wer indes unnötig große Summen hortet, wird davor gewarnt, Lieblosigkeit und Düsternis im Herzen zu nähren.

Die Illusion des Reichtums

Von einem Lotteriegewinn oder plötzlichem Reichtum zu träumen wird in der Regel als ein schlechtes Zeichen interpretiert. Diese Träume deuten meistens einen Verlust an, während Träume, in denen jemand große Summen freigiebig teilt, paradoxerweise als Ankündigung künftiger finanzieller Sicherheit gelten.

Ein Leben in Luxus mag dem Wunsch vieler entsprechen. Solche Bilder wiederholt im Traum zu sehen stellt vielfach eine Erwiderung unserer Psyche auf die Notwendigkeit dar, in unserem Leben Prioritäten realistisch zu setzen. Wir sollten akzeptieren, dass „wir sind, wer wir sind", und unseren eigenen Möglichkeiten entsprechend leben, anstatt uns im Neid auf andere zu verzehren.

Bilder, die wir mit den Schönen, Reichen und Berühmten verbinden, haben im Traum selten positive Bedeutung. Stattliche Anwesen zum Beispiel mögen viele als idealen Lebensort ansehen; im Traum gelten sie als Vorzeichen unerwarteten Unglücks – inmitten von idyllischer Zufriedenheit.

Rechts *Träume von Münzen gelten als Glücksträume. Ein Beutel voller Geldmünzen spricht von schnellem Vorankommen auf dem eingeschlagenen Berufsweg.*

FREIZEITBESCHÄFTIGUNGEN

Rechts und unten *Träume von Wettkämpfen – sei es beim Turnier unter Rittern oder im Boxkampf – sind nicht nur Träume vom Gewinnen und Verlieren. Es ist auch wichtig, wie Träumende daran teilnehmen und wie sie sich in einer Konkurrenzsituation verhalten.*

Sportarten und Freizeitaktivitäten beinhalten ihre eigene Symbolik. Wenn wir indes regelmäßig von der Teilnahme an Sportaktivitäten träumen oder im Traum wiederholt künstlerische Fähigkeiten ausdrücken, werden wir ermutigt, Änderungen in unserem Leben vorzunehmen. Das kann bedeuten, einfach aktiver zu werden oder aus den Talenten, die wir besitzen, mehr zu machen. Es kann aber auch bedeuten, das Leben, das wir tagsüber führen, neu zu bewerten und den Aktivitäten, die uns glücklich machen, mehr Zeit zu widmen.

Sieg – aber zu welchem Preis?

Traumbilder vom Sieg sind oftmals sehr gefühlsbeladen; sie können uns mit Stolz und größter Befriedigung erfüllen. Doch hierbei ist – wie im Wachleben – nicht der Sieg an sich entscheidend, sondern eher, auf welche Weise er errungen wurde. Ein Sieg in einem harten Wettkampf reflektiert den Mut und die Entschlossenheit im Kampf für ein lohnendes Ziel, die wir im Wachleben an den Tag legen müssen. Wer von einem Sieg „trotz widriger Umstände" träumt, kann darin etwas über jene eigenen Fähigkeiten erfahren, die bisher unterdrückt blieben – die jedoch bei genügend Selbstvertrauen eingesetzt werden könnten, um bisher undenkbare Ziele zu erreichen.

Links Träume vom Laufen können sehr befreiend, aber auch quälend schmerzhaft sein. Jogging repräsentiert den Wunsch, ein persönliches Ziel zu erreichen.

Unten Wenn Sie vor einer wichtigen Entscheidung stehen und träumen, dass Sie Throphäen oder Medaillen erhalten, so sagt Ihnen Ihr Traum: „Du wirst die richtige Entscheidung treffen."

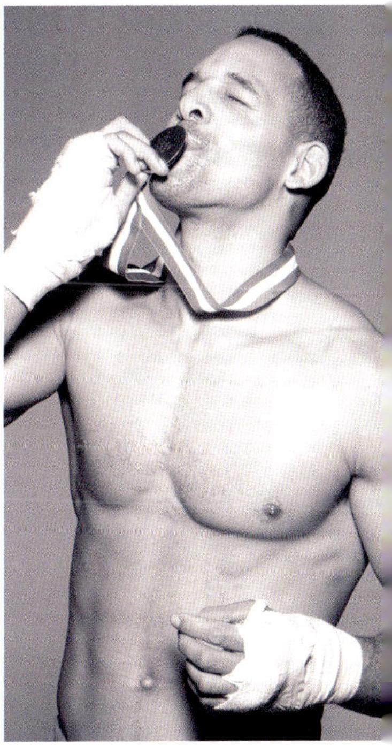

Sportmetaphern

Träume sind voller Metaphern; darunter ist Boxen die sinnfälligste. Die Traumdeutung sieht darin das Bild eines inneren Kampfes: zwischen zwei Problemfeldern, die in ungelöstem Konflikt zueinander stehen. Ein Boxkampf etwa kann den Konflikt zwischen privater Person und öffentlicher Rolle zum Ausdruck bringen.

Werde aktiv!

In Träumen vom Sporttreiben sagt uns unsere Psyche auf unverschnörkelte Weise: „Werde aktiv!" Wer träumt, in fantastischer Geschwindigkeit laufen oder unglaublich weit springen zu können, ohne zu ermüden, erhält einen Hinweis darauf, dass der gewünschte Erfolg nicht schwer zu erreichen sein wird.

Höhen und Tiefen

Sieht man sich im Traum nach oben steigen, geht es um persönliche Zielsetzungen. Das Klettern ist Symbol für die Anstrengung im Leben „voranzukommen" – je steiler der Aufstieg, umso größer wird die Belohnung sein. Bilder vom Fallen gehören zu verstörenden, wenngleich häufig berichteten Traumgebilden.

Höhenangst und Bilder vom Fallen können eine Erschütterung der eigenen Ambitionen ankündigen. Das Gefühl zu stürzen wird aber stärker mit Stress und Sorgen im Wachleben assoziiert als mit drohendem Untergang.

Wenn Sie träumen, dass Sie Regeln brechen, sollten Sie vorsichtig sein.

Oben *Träume von extremen sportlichen Herausforderungen stellen die Entschlossenheit dar, beim Verfolgen persönlicher Ziele bis zum Äußersten zu gehen: nur vorwärts, trotz Schmerzen – und das Ziel nicht aus dem Auge verlieren!*

Schwimmen repräsentiert die Freiheit von gesellschaftlichen Einschränkungen – im Bild des Schwimmers kann die schlafende Seele Spannungen abbauen. Ertrinkt er jedoch, legt der Traum nahe, dass der Träumende sich überfordert fühlt und schwer zu kämpfen hat.

Musik in unseren Träumen

Musik stellt normalerweise ein positives Traumzeichen dar. Im Traum Musik zu hören deutet auf einen Sinn für Harmonie im Wachleben und auf ein Gleichgewicht zwischen Familie, Beruf und sozialen Beziehungen.

Hymnen bedeuten Zufriedenheit, Opernmelodien den Wunsch, sich kurz und bündig auszudrücken. Lieder aus der Kindheit sprechen im Traum von dem Wunsch nach einem einfacheren Lebensstil.

Auch Musikinstrumente haben ihre Symbolik. Wenn Sie davon träumen, eines zu spielen, bedeutet dies, dass Sie Ihrem Partner gefallen, auch wenn Sie bisweilen daran zweifeln. Wer träumt, Klavier zu spielen, erhält den Hinweis, an einem unerwarteten Ort etwas Wertvolles zu finden. Gitarren weisen auf eine leichte und geschickte Hand im Umgang mit schwierigen Situationen. Saxophone und andere Blechblasinstrumente kündigen die Aussicht auf ein überraschendes, interessantes Ereignis an.

„Hoch pokern“

Es mag verführerisch sein, vom Glücksspiel und Gewinnen zu träumen – als Glücksverheißung und Aussicht auf künftigen Reichtum. Solche Bilder spiegeln jedoch nur den Wunsch nach

Rechts *Im Traum zu schwimmen lässt ähnliche Gefühle wie beim freien Fall entstehen. Freud verknüpfte mit diesem Sport auch sexuelle Konnotationen.*

Arbeiten und Spielen

Links *Auch wenn wir von einem Pferd träumen, das ein Wettrennen gewinnt, oder im Schlaf eine bestimmte Nummer oder einen Namen zu erkennen glauben: Solche Bilder stellen reine Wunschvorstellungen dar, nicht die korrekte Vorhersage einer Sportveranstaltung.*

Unten *Wenn Sie im Traum lesen, kann das auf einen Wunsch hindeuten, den eigenen Horizont zu erweitern. Aber vielleicht ist das Buch auch ein bisher ungeschriebenes – eines, das Sie überlegen sollten, zu schreiben!*

„leichtverdientem Geld" und es führt, wenn man danach handelt, eher zum Scheitern als zu Erfolg und Reichtum.

Die Kunst

In Träumen wie im Wachleben kann die Kunst großen Genuss bereiten. Von künstlerischer Betätigung zu träumen drückt den unbewussten Wunsch nach Entfaltung eigener Talente aus.

Träume, in denen sich der Schlafende als Schauspieler sieht, können auf eine schwierige Entscheidung hindeuten – mit einem Nachspiel und langfristigen Konsequenzen. Dabei ist die Publikumsreaktion nicht unwichtig: Erhält man Applaus, deutet dies an, dass eigene Entscheidungen weithin akzeptiert werden. Wird man ausgebuht oder schweigt das Publikum, gilt dies als kein gutes Vorzeichen: Diese Bühne sollte man nur mit Vorsicht betreten!

Wer schließlich träumt, Verse auswendig zu lernen, könnte die Anerkennung seiner Umgebung herbeisehnen. Das Bild drückt den Wunsch aus, im Leben das Richtige zu sagen.

Wenn Sie von einer Oper träumen, kann Ihnen das Genre Ausblicke auf Ihre Zukunft geben.

REISEN

Reiseträume sind nicht einfach nur Hinweise für Schlafende, ihren Horizont zu erweitern. Das benutzte Transportmittel, der Weg selbst und alles, was dem Träumenden auf diesem begegnet, sind ebenso von Bedeutung. Nur selten verläuft im Traum die Reise ohne Hindernisse – diese offenbaren Bezüge zu Schwierigkeiten im Wachleben. Auch Menschen, denen wir im Traum begegnen, finden ihr Echo in der realen Welt. Das Reiseziel zu erreichen ist ein vielversprechendes Zeichen – ein Hinweis auf Ziele, die der Träumende sich selbst gesetzt hat.

Die Straße vor uns

Im Traum repräsentieren Straßen und Pfade unseren Weg zum Erreichen persönlicher Ziele. Dabei kann es sich um kurzfristige Vorhaben handeln – etwa das Vorankommen am Arbeitsplatz oder körperliche Fitness – oder auch um langfristige wie zu heiraten und eine Familie zu gründen.

Lange gerade Straßen kommen in Träumen nur selten vor. Wenn, dann signalisieren sie die gute Chance, gesteckte Ziele problemlos zu erreichen – vorausgesetzt, dass die Wünsche und der persönliche Einsatz angemessen sind und in Einklang miteinander stehen. Weitaus häufiger kommen jedoch gewundene Pfade oder weitläufige Landstraßen vor: In diesen Fällen weist jede Kurve auf mögliche Hindernisse oder Fallstricke, die überwunden werden müssen.

Weggabelungen stellen Ereignisse dar, die den Träumenden von seinem Pfad abbringen könnten. Führt der Weg in eine Sackgasse, so wurde im realen Leben eine falsche Entscheidung getroffen, die noch einmal überdacht werden sollte. Kreuzungen zeigen an, dass der Schlafende eine Phase in seinem Leben erreicht hat, in der für ihn wichtige Entscheidungen anstehen.

Oben *Wie im Leben, so sind auch die Wege im Traum selten perfekt und gerade. Hindernisse müssen überwunden und ein Schritt vor den anderen gesetzt werden, um sicher anzukommen.*

Im Traum bedeuten Reisen physische wie spirituelle Veränderung.

Heidnisch Das Rad steht für Kontinuität und symbolisiert den heidnischen „Kreis des Lebens“; die Jahreszeiten werden durch die Speichen im Rad symbolisiert.

Reisen

Rechts *Leuchttürme im Traum sind Vorboten der Sicherheit – sie offerieren Lichtsignale und erhellen so den weise eingeschlagenen Weg im Meer der Unsicherheiten. Dem Träumenden wird damit geraten, sich auf die eigenen Instinkte statt auf die öffentliche Meinung zu verlassen.*

Unten *Im Space Shuttle durchs All zu reisen, verrät den Wunsch nach Abenteuer.*

Über Land und übers Meer

Die Transportart, die unser Unterbewusstsein für die Reise wählt, kann von Bedeutung sein. Ein Fahrrad mag eine Reflexion aus dem Wachleben sein. Fährt der Träumende konstant bergauf, so ist dies ein Zeichen für seine Sicht auf das Leben als ständigen Kampf und seine Überzeugung, Lohn werde ausschließlich durch Anstrengung erworben.

Wenn Sie im Traum mit dem Auto fahren, verrät das den Wunsch, Ihr Schicksal in die eigenen Hände zu nehmen. Geraten Sie ins Schleudern oder haben Sie einen Unfall, kann das bedeuten, dass Sie nicht so selbstsicher sind, wie Sie sein möchten.

Züge deuten Selbstvertrauen und den Glauben an eine rosige Zukunft an; sehen Sie eine geliebte Person mit dem Zug wegfahren, weist dies auf eine Distanzierung zwischen Ihnen und der betreffenden Person hin.

Schiffe und Boote spiegeln die Faszination des Meeres wider – und zu träumen, man sei damit auf dem Ozean unterwegs, drückt einen Wunsch nach Unabhängigkeit aus.

Auf … und davon!

Vom Fliegen zu träumen zeigt den Wunsch, sich von Begrenzungen zu befreien. Wenn man davon träumt, ein Flugzeug zu steuern, zeigt dies ausgesprochenes Selbstvertrauen. Der Träumende hat vielleicht jüngst neues Vertrauen in die eigenen Fähigkeiten gefunden oder sollte sich selbst für jüngst Erreichtes größere Anerkennung zollen. Wer als Passagier mitfliegt, wird dem Glück begegnen – ohne eigene Anstrengung.

Dank des technologischen Fortschritts sind wir nicht mehr auf unsere Welt begrenzt und können Bilder von einer Reise in fremde Galaxien entwerfen. Träume, die den Weltraum erkunden, repräsentieren den Wunsch, unsere Vorstellungen und Vorurteile zu überdenken.

Klassische Reisesymbolik

Räder symbolisieren das Zuhause, in das wir stets zurückkehren – so wie das Rad in seine Ausgangsposition. Stufen deuten Erfolg an. Eine Treppe hinunterzugehen kann als Signal für einen Misserfolg gesehen werden.

Ein Kompass drückt das Verlangen nach persönlicher Weiterentwicklung aus. In welche Richtung, entscheidet die Ausrichtung der Nadel: Der Osten repräsentiert Jugend, Erwachen – und deutet die Notwendigkeit an, sich auf Bewährtes zu verlassen. Der Westen ist ein Vorzeichen für Veränderungen. Der Norden spricht den Wunsch nach seelischer Erneuerung aus, und der Süden schließlich ist warm und exotisch – er kündigt Freude in sozialen Beziehungen an.

Oben *Landkarten gelten in Träumen als Zeichen für Ordnung und Präzision. Auch wenn sie manchmal Reisen bedeuten können, werden sie meistens mit dem inneren Wunsch verbunden, das eigene Leben zu reorganisieren, private Angelegenheiten zu regeln und Dinge zu vollenden, die allzu lange vernachlässigt wurden.*

ZEIT UND RAUM

Unten
Vom Winter zu träumen bedeutet Inventur machen – die Seele bereitet sich auf das vor, was das neue Jahr bringen wird.

Zeit und Raum sind Konzepte, mit denen wir unsere Welt strukturieren. Das Unterbewusstsein benötigt solche Einteilungen nicht – und spielt mit diesen Kategorien, um scheinbar Irrationales zu rationalisieren. Trotz fehlender zeitlicher und räumlicher Begrenzungen wohnt Träumen von Zeit und Raum eine eigene Logik inne, die der Interpretation bedarf.

Träume von einer bestimmten Tageszeit kommen relativ häufig vor – vor allem Morgen- und Abenddämmerung. Der Sonnenaufgang symbolisiert einen frischen Start und neue Perspektiven, während die Psyche im Bild des Sonnenuntergangs versucht, vergangene Erfolge und Misserfolge zu reflektieren.

Von Reisen durch das Weltall träumen viele; sie weisen auf zu verändernde Umstände und erweiterte Perspektiven hin.

Der Jahreszyklus

In der Traumdeutung besitzt jede Jahreszeit eine eigene Bedeutung: Frühling ist die Zeit des Erwachens, der Wiedergeburt und wird mit Inspiration und erster Liebe in Verbindung gebracht. Der Traum von einem Frühlingstag verspricht neue Chancen – besonders in der Liebe. Traditionell galt der Frühling auch als Zeit des Abschiednehmens, im Mittelalter war dies die Zeit der Pilgerfahrt. Daher kann sie auch die Erneuerung einer Suche bedeuten – und den Träumenden auffordern, neue Herausforderungen zu suchen.

Träume vom Sommer symbolisieren die „Ernte einer Freundschaft". Sehen Träumende sich mit anderen in der Sonne aalen, zeugt das Bild von festen Freundschaften oder Liebe zu einem oder einer in der Gruppe.

In Träumen werden Tage zu Sekunden, und Sekunden können ewig währen – weil im Schlaf keine Regeln herrschen.

Der Herbst ist die Zeit der Ernte; im Traum erhalten Schlafende darin den Hinweis zu ernten, was gesät wurde, und sich selbst zu belohnen – denn Erfolge, die nicht gefeiert werden, verdorren wie Reben am Weinstock.

Der Winter gilt im Traum als Zeit der Besinnung, nicht der Verzweiflung oder gar des Todes.

Welten im All

Die Frage, ob wir die Einzigen im Universum sind, hat die Menschheit seit jeher fasziniert. Und wie auch immer die Antwort darauf lautet – neben der Erde gibt es Millionen von Planeten im All. Von Sternen zu träumen besagt etwas über den Wunsch des Schlafenden, sein Schicksal zu kontrollieren. Strahlt ein Stern heller als andere um ihn herum, so weist dies auf eine vielversprechende Entwicklung in naher Zukunft hin. Der Mond repräsentiert unsere Gefühle und das Streben nach Selbstvervollkommnung; seine Wanderbewegung quer über den Nachthimmel verweist auf sich ändernde Verhaltensmuster in unserem Leben.

Oben *Sternenträume und solche von Weltraumfahrten sind normalerweise ein Indiz für den Wunsch nach Kontrolle und der Erweiterung des eigenen Horizonts.*

NATUR

Träume von der Natur – ob vom höchsten Berg oder vom kleinsten Bach, von der Gewalt eines Vulkans oder von den Schätzen der Erde wie Gold und Edelsteine – erinnern uns an ihre Schönheit und Kraft. Daneben betonen sie Bereiche unseres Lebens, indem sie unser physisches, emotionales oder spirituelles Befinden illustrieren. So sprechen Berge von Errungenschaften, Leistung und dem Streben nach Erfolg, während Wasser etwas über unsere Emotionen aussagt. Bilder von sanften Hügeln und Feldern (*linke Seite*) rufen Gefühle des Wohlbefindens wach.

Üppiger Wald und trockene Ödnis

Waldträume werden heute als Zeichen eines Unbehagens im Leben gedeutet. Bilder des Verlorengehens im Wald sprechen von Druck und Überforderungen im Alltag, die häufig mit finanziellen Dingen in Verbindung stehen. Sie können aber auch das Gefühl sozialer Isolation oder das aktuelle Fehlen persönlicher Orientierung ausdrücken.

Komplexer werden diese Träume, wenn in den Wäldern Dornenhecken vorkommen, die am Vorwärtskommen hindern. Eine noch größere Gefahr stellt ein Waldbrand dar – er unterstreicht die Nachdrücklichkeit, mit der das Unterbewusste seine Botschaft an den Schlafenden zu vermitteln sucht.

„Über Berg' und Tal ..."

Träume von Bergen sprechen von Hoffnungen, Sehnsüchten und der Suche nach Bedeutung. Wer am Fuße eines Berges steht, ist aufgefordert, ein Hindernis zu überwinden. In ähnlicher Weise können Berge Schwierigkeiten im Leben anzeigen, die Träumende nur schwer oder gar nicht überwinden zu können glauben. Wie entmutigend das Bild auch erscheinen mag: Hat man erst mit dem Aufstieg begonnen, stellt er sich oft als gar nicht so schwer heraus.

Zerstörung Träume vom Verwüsten der Landschaft symbolisieren unsere selbstzerstörerischen Seiten – verleugnen wir unsere Gefühle im Alltag?

Dürre Die trockene Wüste ist ein Signal für unruhige Zeiten im Leben des Träumenden – und für notwendige Hilfe von außen.

Natur

Sand in der Hand Nasser Sand auf der Haut kann unangenehm sein – und warnt uns, nicht allzu selbstgefällig zu sein.

Oben *Dschungel und Regenwälder sind ähnliche Symbole wie Wälder, allerdings bergen sie zusätzliche Gefahren durch wilde Tiere und giftige Pflanzen.*

Während Berge die Unwirtlichkeit und unüberwindbare Macht der Natur symbolisieren, werden Täler im Traum als einladend und behaglich empfunden. Ein fruchtbares Tal mit Blumen und Tieren kündet erfolgreiche Elternschaft an; trockene Täler dagegen sprechen von Familienkonflikten. Im Dunkeln liegende oder vom Nebel verhüllte Täler deuten Beziehungsprobleme an.

Flüsse, Bäche und Seen

Die Traumdeutung sieht in fließendem Wasser ein Symbol der Lebenskraft. Klare und schnelle Strömungen bedeuten Gesundheit und Erfolg, flaches Brackwasser kann ein Ausdruck von Stagnation und Unentschlossenheit sein.

Seen spiegeln unsere Stimmung wider. Eine glatte Oberfläche drückt Zufriedenheit aus; aufgewühlte Seen lassen negative Gefühle erkennen. Wer den Mond auf einem See gespiegelt sieht, könnte im Begriff sein, sich mit einem gleichgesinnten Partner einzulassen.

Ein Bach signalisiert Kreativität. Darin zu baden drückt Wünsche aus – etwa, das eigene Talent zu nutzen und zum Blühen zu bringen. Die Weigerung, ins Wasser zu gehen, kann auf ein Zögern sowie Zweifel hinweisen, die eigenen kreativen Potenziale voll zu nutzen.

Flüsse symbolisieren die Lebenserwartung des Träumenden. Schnell fließendes Wasser deutet auf Sorglosigkeit und den Wunsch, möglichst viel zu erleben. Ein Fluss voller Biegungen spiegelt eine Lebenshaltung voller Mühen – ohne klare Richtung und vielfach auch ohne rechte Lust. Wer träumt, einen Fluss zu überqueren, hat wohl eine Wahl zu treffen; das Ausmaß der Schwierigkeit beim Überqueren gibt Hinweise auf die Schwierigkeiten bei der Entscheidungsfindung.

Rechts *Berge in Träumen sollten keineswegs nur als negativ angesehen werden. Einen Gipfel zu erreichen, gilt als positives Signal in Sachen Beruf oder einer Beförderung – und als Indiz für Reife.*

Natur

Meere und Ozeane

Ein ruhiges Meer ist ein Zeichen für innere Ruhe und Zufriedenheit; ein stürmischer Ozean kündigt unruhige Zeiten an. Träume vom Meer können auch mit Liebesgefühlen in Verbindung gebracht werden – wenngleich selten positiv. Einen Ozean zu überqueren kann auf eine Herausforderung hinweisen. Hierbei sind Schnelligkeit und Beschaffenheit des Schiffes nicht unbedeutend: Tuckert es langsam vor sich hin, ist das ein entmutigendes Zeichen – ein schlimmeres noch, wenn es sinkt!

Wer im Traum durch einen klaren blauen Ozean watet, erhält ein Zeichen des Selbstvertrauens. Im Meer zu schwimmen bedeutet, die eigenen Sorgen „wegzuwaschen" – und vom Tauchen zu träumen verrät eine entspannte Seele.

Von einer einsamen Insel zu träumen mag idyllisch erscheinen, kann jedoch auf Langeweile hinweisen.

Oben
Unterwasserträume vom Schweben über Korallenbänke sind Ausdruck von Weltflucht. Vorsicht – solche Träume können ein Hinweis darauf sein, dass Sie unfähig sind, den Realitäten ins Auge zu sehen, und in Ihrem Leben die Notwendigkeit besteht, sich mit einigen Dingen auseinanderzusetzen.

ELEMENTARE NATURKRÄFTE

Oben rechts *Stürme im Traum können innere Ängste ankündigen. Sanfte Brisen zeichnen dagegen das Bild eines Träumenden, der mit sich und der Welt im Reinen ist.*

Naturkräfte können ebenso atemberaubend schön wie erschreckend sein. In Träumen spielen sie eine Schlüsselrolle – und weisen oftmals auf die Gewalt extremer Gefühle hin.

Wetterkunde

In der Traumdeutung gilt Regen als günstiges Vorzeichen; wer also im Traum von Regen überrascht wird, mag dies als Glückszeichen werten. Ein sanfter Regenschauer symbolisiert günstige Umstände und verbesserte Chancen.

Raureif wird als beunruhigend angesehen – er warnt Schlafende davor, den Erfolg eines Unterfangens nicht eher für sich zu reklamieren, bis der Lohn „unter Dach und Fach" ist. Ähnlich warnt Frost vor Versprechen, die schnell gebrochen werden können. Eiszapfen hingegen deuten an, der Träumende könnte für gefühlskalt gehalten werden.

Nebel und Dunst sind ein Zeichen dafür, dass Schlafende im Wachleben etwas zu verbergen suchen. Oft handelt es sich dabei um eine verheimlichte Schuld anderen gegenüber, manchmal auch um Gefühle, die sich der Träumende nicht eingestehen will.

Die vier Elemente

Die vier Elemente – Wasser, Feuer, Erde, Luft – sind sehr bedeutungsvoll und spielen in unseren Träumen eine wichtige Rolle.

Wasser gilt darin als Vorbote des Glücks, wenngleich es hierbei einige Ausnahmen gibt: Verschüttetes Wasser symbolisiert Streit, und wer im Wasser sein Spiegelbild sieht, wird gewarnt, seine eigene Meinung nicht über die anderer zu stellen.

Ein Traum von warmer Luft mahnt zur Vorsicht vor selbst verursachten Krankheiten; wem dagegen kalter Wind entgegenbläst, dem sei geraten, ein anstehendes Rendezvous noch einmal zu überdenken.

Feuer zeigt an, dass Träumende gegenwärtig von ihren Gefühlen beherrscht werden und ein

Oben *Naturkatastrophen wie Vulkanausbrüche verursachen Zerstörung; Bilder realer Ereignisse beschwören beunruhigende Symbole in unseren Träumen herauf.*

Windig Im Traum steigert der Wind die surreale Natur des Geschehens, indem er ein Element der Unruhe erzeugt: Je stärker der Wind, desto aussagekräftiger ist die Symbolik der Traumbilder.

Erdbeben werden mit Umbrüchen im Leben in Verbindung gebracht.

gewisses Maß an Selbstkontrolle hilfreich wäre. Erde ist ein praktisches Element; sie im Traum zu sehen kündigt wachsendes Ansehen an: Wer bisher belächelt wurde, wird bald geehrt.

Wütende Natur

Die Kraft und Gewalt der Natur sollte niemals unterschätzt werden. Flutwellen repräsentieren heftige Emotionen. Dürre ist ein Zeichen für Pech und kann bedeuten, dass Sie zu viel Energie in ein Unternehmen stecken, das nur wenig einbringt.

Obwohl Überschwemmungen äußerst zerstörerisch wirken, werden sie in Träumen bisweilen durchaus als positives Signal gesehen – für das Ende des bisherigen Lebensweges und einen Neubeginn.

Unten *Im Traum repräsentieren schlummernde Vulkane unterdrückte Gefühle, die „ausbrechen" können. Häufig gehen solche aufgestauten Leidenschaften mit unerfüllten fleischlichen Gelüsten einher – doch Frustrationen dieser Art können ebensogut aus Eifersucht oder Neid herrühren. Mit all diesen Gefühlen sollten wir tagsüber umgehen und uns auseinandersetzen, damit sie uns nicht im Schlaf „auffressen".*

IRDISCHE SCHÄTZE

Träumt man von Edelsteinen und Edelmetallen, deutet man sie meist als Vorboten finanziellen Reichtums. Tatsächlich künden sie nur selten davon – im Gegenteil: Je mehr irdische Schätze jemand im Traum anhäuft, umso geringer wird sein materieller Gewinn am Ende sein. Diejenigen, die im Traum einen Schatz finden, entdecken vielleicht Verbesserungen in ihrem sozialen Leben oder eine Aussicht auf eine Liebesbeziehung – selten jedoch ein dickeres Bankkonto. Trotz der scheinbaren Glücksverheißung sollte man nie vergessen, dass materieller Wohlstand flüchtig ist, emotionaler Reichtum und innere Zufriedenheit hingegen finanziellen Erfolg weit hinter sich lassen.

Ein Extraprickeln im Schlaf

Der Traum vom Auffinden eines Edelsteins gilt als positives Zeichen. Wie in Märchen träumen wir manchmal, dass Schätze von Drachen oder mythischen Tieren bewacht werden. Unser Unterbewusstsein erfindet solche Symbole nicht nur, um die Bedeutung zu illustrieren, die wir Edelsteinen beimessen, sondern drückt auch das unterschwellige Gefühl aus, jeder wahre Schatz könne nur durch äußerste Anstrengung erworben werden – und nicht, indem man einfach darüber stolpert. Schätze in Träumen symbolisieren aber nur selten materiellen Reichtum; viel öfter sprechen sie von unserer physischen oder spirituellen Suche und damit verbundenen Leistungen.

Von allen Edelsteinen gilt der Diamant als der wertvollste. Er stellt die härteste uns bekannte Materie dar, die nur ein anderer Diamant zerschneiden kann; daher ist er das Symbol schlechthin für Dauer und Beständigkeit.

Andere Edelsteine werden mit verschiedenen Gefühlen in Verbindung gebracht. Rubine, im Mittelalter als Heilmittel gegen Pest und Vergiftung gepriesen, symbolisieren Leidenschaft und Begehren. Blau schimmernde Saphire verkörpern Dauer und Wahrhaftigkeit. Smaragde wurden einst als erstarrtes Schlangengift angesehen und halten eine entsprechende Warnung für denjenigen bereit, der von grünen Juwelen träumt: Er ist vergiftet von Neid. Amethyste, Topase, Lapislazuli warnen vor den Gefahren unkontrollierter Gelüste oder vor Hochmut.

Im Traum werden Edelsteine meist als Schmuckstücke gesehen. Halsketten künden von einer Anhäufung materieller Güter, Armreifen von Gerüchten über den Träumenden. Matrosen sollen sich vor einem Ohrring im Traum hüten – man sagt, er kündige einen Tod im Wasser an.

Edelmetalle

Generell sprechen Metalle im Traum von den „kalten" und „harten" Seiten des Schlafenden und legen eine entspanntere Herangehensweise im Alltag nahe. Einzelne Metalle haben darüber hinaus auch eine spezielle Bedeutung im Traum. So wird Gold mit Ehre und Erfolg verbunden. Silber gilt als Warnung vor den Schwächen anderer, besonders vor unzuverlässigen Freunden.

Oben *Perlen sind der Inbegriff verborgener Schönheit – von Perlen zu träumen deutet die Chance an, Liebe dort zu finden, wo sie am wenigsten erwartet wird.*

Unten rechts *Die Schönheit der Erde zeigt sich in den Edelsteinen, die sie hervorbringt.*

Bernstein steht im Traum für innere Ausgeglichenheit, Weisheit und Harmonie.

Unten *Wer von Elfenbein träumt, wird vor allzu leicht erworbenem Reichtum durch riskante Geschäfte gewarnt.*

Oben *Vor ewigen Zeiten wurde Gold als materialisiertes Sonnenlicht betrachtet. Da es nicht oxidiert, galt es seit jeher als rein und unverwüstlich.*

Kupfer symbolisiert unbegründete Sorgen, Messing deutet emotionale Stärke an, Zink kündet von entscheidenden Fortschritten, und Blei warnt vor Lethargie und davor, sich auf andere zu verlassen. Eisen erscheint in Träumen als Zeichen für persönlichen Erfolg; ist jedoch Rost zu sehen, kündigt dies Probleme in der Liebesbeziehung an – und färbt das Metall im Traum auf Ihre Finger ab, seien Sie vor dem Nichterreichen eines ersehnten Ziels gewarnt.

TIERE UND PFLANZEN

Tiere und Pflanzen können in unserem Alltag eine große Rolle spielen; deshalb tauchen sie auch in unseren Träumen auf. Seit Urzeiten erfreuen und bezaubern sie uns; besonders die Tiere wurden mit den Göttern in Verbindung gebracht und spielen eine zentrale Rolle in der Spiritualität. Selbst in der modernen Welt werden sie mit abstrakten Konzepten in Verbindung gebracht. Ihre Verhaltensweisen tauchen auch in unseren Träumen auf – sie helfen, unser Unbewusstes zu verstehen. Manche gelten als günstiges Vorzeichen, andere als Vorboten zweifelhaften Glücks.

Der Ruf der Wildnis

Der Löwe ist eines der mächtigsten Tiere – in der Natur wie in der Traumsymbolik. Ein gelassener Löwe ist Ausdruck persönlicher Stärke; ist er zornig, bedeutet das einen möglichen Verlust.

Der Tiger (*linke Seite*) ist ein weiteres, im Traum gefürchtetes Tier. Wenn er sich heranschleicht, erfährt man eine Warnung vor lauernden Gefahren. Wenn man vor ihm davonläuft, bedeutet dies, dass man sich anstehenden Problemen nicht ausreichend widmet. Wer sich im Traum dem Kampf mit einem Tiger stellt, darf dies als Ermutigung dafür ansehen, dass Bestimmtheit und Entschlossenheit über wartende Probleme siegen werden.

Ein gern gesehener Traumgast ist der für seine Langlebigkeit und sein Erinnerungsvermögen bekannte Elefant. Er gilt als Glücksbringer in geschäftlichen Dingen und bei Neuanfängen.

Der Freund des Menschen

Haustiere haben andere Bedeutungen als wilde Tiere; da sie einen wichtigen Teil unseres Lebens ausmachen, nehmen sie auch einen besonderen Platz in der Traumdeutung ein. Sie repräsentieren Aspekte der elementarsten unserer Energien – der Liebe. Ein Pferd in freiem Lauf kündet von einer leidenschaftlichen

Oben *Orchideen, so sagt man, symbolisieren triebhafte Leidenschaften. Ihre leuchtenden Farben und phallischen Formen symbolisieren Ausschweifung und Lüsternheit. Die Bienenragwurz lockt mit samtigen Fruchtständen die Bienen an, sich auf ihren Blüten niederzulassen.*

Gefangen Tiere im Käfig bedeuten das Ende der Unschuld – eine idealistische Situation wird durch die Wirklichkeit beendet. Wer dem Käfig entflieht, schreitet im Leben voran und entledigt sich innerer Fesseln.

Rechts *Tieren wurde lange Zeit unterstellt, sie besäßen einen Einblick in die Kräfte der Natur, der uns Menschen verloren gegangen ist. Deshalb träumen wir uns mit Bildern von wilden Tieren oftmals zurück in die Urzeit und zu einem einfacheren Leben – vielleicht einem, wie es unsere Vorfahren, die Primaten, lebten.*

Affäre; ohne Sattel und Decke zu reiten, verrät den Wunsch, sich überwältigen zu lassen. Wer vom Pferd geworfen wird, dem winkt kein Glück, sondern eher das Schicksal, für angetragene Gefühle Hohn zu ernten.

Hunde symbolisieren den Wunsch nach Anerkennung und Lauterkeit. Wenn Sie träumen, Ihr Hund leckt Ihnen die Wunden, so deutet dies auf das Heilen von Wunden – physischer wie geistiger Art.

Katzen können vor Betrug und Doppeldeutigkeiten warnen; doch unser samtpfotiger Freund offenbart auch einen unabhängigen Geist – und im Traum bisweilen den Wunsch, aus dem Regelwerk des Alltags auszubrechen.

Meerestiere

Traumbilder aus der Tiefsee offenbaren grundlegende, oftmals unbewusste Gedanken; Tiere, die in diesen stillen Sphären leben, sind daher direkt mit ihnen verbunden. Krebse haben dicke Panzer und scharfe Klauen; im Traum warnen

Unten *Von Delfinen zu träumen sagt etwas über unsere emotionalen Bindungen aus. Ihr Interesse an uns dient der Unterscheidung zwischen Tiefgründigkeit und Oberflächlichkeit.*

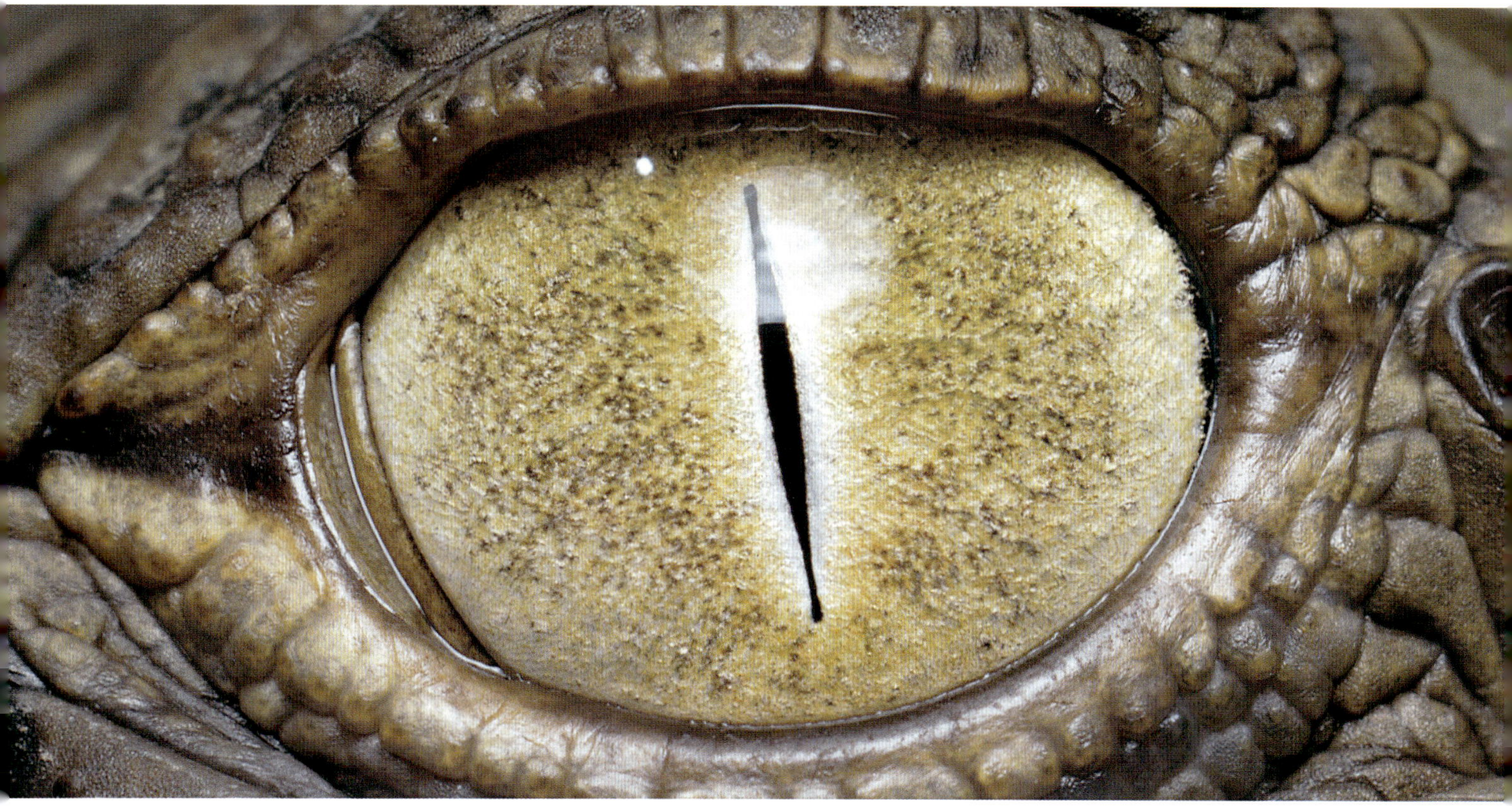

Oben Wenn man von einem Krokodil träumt, kann dies vor versteckt lauernden Gefahren warnen – vor Bekannten, die nicht sind, was sie zu sein vorgeben, und nur ihre eigenen Interessen im Blick haben.

sie vor allem jene, die durch Angeberei zum Ziel zu kommen suchen.

Wer traumt, Fische zu fangen, findet sein Streben nach Wohlstand bestätigt. Springt ein geangelter Fisch wieder davon, weist das auf die Notwendigkeit innerer Kraft gegenüber Problemen im Wachleben hin. Ein Fisch außerhalb des Wassers deutet auf Gefühle der Überforderung – oder auch auf eine jüngst erfahrene unangenehme Situation.

Wale werden als Symbole des Friedens und innerer Stärke gesehen. Im Traum sind sie Vorboten innerer Kämpfe, doch auch eines ruhigeren Lebens, nachdem die Probleme durch eine bewusste Auseinandersetzung überwunden werden.

Im Schatten lauernde Gefahr

Tiere, die uns bei Tage in Schrecken versetzen, haben unterschwellig facettenreiche und positive Bedeutungen – sie brauchen im Traum nicht gefürchtet zu werden. Das klassische Beispiel ist die Schlange als Symbol der Erneuerung und Erholung.

Viele halten Spinnen für typische Kreaturen eines Albtraums – dabei braucht ihr Auftauchen im Traum nicht zu erschrecken. Spinnen kommen oft vor, wenn Träumende eine wichtige Entscheidung zu treffen haben; auch weisen sie vielfach auf eine Hartnäckigkeit bei der Verfolgung von Zielen. Ein Spinnennetz kann das Familienleben und die Fähigkeit des Träumenden repräsentieren, Beziehungsgräben zu erkennen und zu überwinden.

Bizzarerweise glaubte man früher, wer im Traum eine Spinne verschluckt, der wacht am nächsten Morgen als begnadeter Redner auf!

Schlangen Manche meinen bis heute, Schlangen im Traum bedeuten Verlust, Opfer, Pech und andere Übel; die moderne Traumdeutung aber sieht in ihnen ein Indiz für das Ablegen alter Gewohnheiten und der Erneuerung.

Rechts *Der Traum von einer Eule offenbart den Wunsch nach einem Rat von Älteren und Weiseren und das Vertrauen in deren Erfahrung.*

Die Traumdeutung von Vögeln

Vogelarten haben verschiedene Bedeutungen; der unbeholfene Pelikan gilt als eines der vielversprechendsten Zeichen. Im Traum wird er als Symbol der Selbstaufopferung gesehen; sein Bild kann in Entscheidungssituationen auftauchen und darauf verweisen, Bedürfnisse anderer vor die eigenen zu stellen.

Umgekehrt gilt der Kuckuck, der sein Ei ins Nest eines anderen Vogels legt, als Vorbote eines – entweder vom Träumenden selbst oder aber von jemand anderem begangenen – Betrugs oder Schwindels.

Krähen und Raben deuten auf Betrug oder auch den Abbruch einer Beziehung hin, während Tauben dem Träumenden sagen, dass seine Sorgen unbegründet sind.

Links *Raupen sind freudige Vorboten für ein besseres Leben; so wie aus Raupen Schmetterlinge, können auch wir bessere Menschen werden.*

Tierschwärme

Träumt jemand von einem Schwarm winziger Tiere, zeugt das Bild vom Ausmaß einer Beunruhigung, der im Einzelnen vielleicht hätte begegnet werden können, die aber als Schwarm den Träumenden zu überwältigen droht. Löst sich der Schwarm im Verlauf des Traumes auf, ist dies ein Zeichen dafür, dass Probleme durch methodisches Vorgehen zu bewältigen sind.

Eine fliegende Motte warnt davor, die Unbesonnenheit des Herzens über den Verstand regieren zu lassen. Viele Ameisen dagegen versprechen ein erfolgreiches Geschäft oder eine gemeinsame Unternehmung.

Ungeliebt und nicht willkommen!

Fliegen können im Traum dagegen Probleme größeren Ausmaßes ankündigen – bis hin zu Störungen im Alltag. Treten sie in Schwärmen auf, ist dies ein Hinweis auf Überforderung.

Ratten und Mäuse sind selten bösartige Gäste im Traum und fast immer ein Zeichen für Neuigkeiten – zum Beispiel, wenn Sie von einem Nagetier träumen, das auf seinen Hinterbeinen steht und Sie ansieht. Sucht das Tier vor Ihnen das Weite, bedeutet dies, dass Ihnen entscheidende Informationen vorenthalten werden.

Kröten wurden seit jeher mit Hexerei in Verbindung gebracht. Die moderne Traumdeutung sieht in ihnen jedoch einen potenziellen Verbündeten des Träumenden. Ihr Auftauchen empfiehlt, den wahren Charakter einer Person zu ergründen und sich nicht durch den ersten Eindruck täuschen zu lassen.

Insekten

Träume, in denen man gestochen wird, sprechen von Schmerzen, die man anderen zugefügt hat oder zufügen wird. Wespen sind die häufigsten Übeltäter – und Vorboten der Gerüchteküche, die durch Menschen, denen Sie vertrauen, angeheizt werden kann. Hornissen deuten die Zerrüttung einer Freundschaft an – oder Komplikationen bei finanziellen Transaktionen.

Im Traum Bienen zu sehen gilt als Botschaft für eine mögliche finanzielle Belohnung. Wenn Sie aber eine Biene töten, kann das den Verlust eines Freundes oder eines Partners aus Eifersucht ankündigen.

Moskitos können im Traum Menschen repräsentieren, die in Ihrem Wachleben versuchen, möglichst viel von Ihnen zu bekommen, ohne je etwas zurückzugeben. Wenn ein Skorpion mit hochgerecktem Stachel in Ihrem Traum erscheint, so kann dies auf ein dunkles Geheimnis verweisen, das in naher Zukunft auf Sie zurückfallen könnte.

Oben *Skorpione sind für ihre Größe äußerst gefährlich und symbolisieren bisher unbeachtete Probleme, die außer Kontrolle geraten sind.*

Vorsicht vor Skorpionen im Traum – sie fördern niemals Gutes ans Licht.

BLUMEN UND PFLANZEN

Die Häufigkeit, mit der wir von Blumen und Pflanzen träumen, beweist ihre große Bedeutung für uns; zudem erzeugen sie starke Gefühle. Wenn wir zufrieden sind, träumen wir vielleicht davon, auf einer Wiese inmitten eines Blütenmeeres zu sitzen. Sind wir traurig oder durcheinander, kann es sein, dass wir uns im Traum in einem endlosen Wald verirren.

Die enge Verbindung zwischen Pflanzen und Natur hat zur Folge, dass sie häufig mit starken Wünschen assoziiert werden – positiven (Rosen symbolisieren Zuneigung) wie negativen (tote Blumen bedeuten Enttäuschung).

Traumblumen

Rosen sind die Blumen der Liebe – und im Traum behalten sie diese symbolische Bedeutung bei. Die „Königin der Blumen" zu empfangen symbolisiert eine starke emotionale oder spirituelle Verbundenheit mit dem gegenwärtigen Partner oder Freund.

Die christliche Ikonografie verbindet die Lilie mit der Jungfrau Maria. Weiße Lilienblüten, die die Jungfräulichkeit der Braut symbolisierten, wurden einst auf das Bett Frischvermählter gestreut. Im Traum trägt die Lilie eher eine doppeldeutige Bedeutung: mit Freude gepaarte Trauer.

Tiere und Pflanzen

Rechts *Pflanzen ernähren und heilen uns, mit ihnen dekorieren wir unser Zuhause. Seit jeher haben Menschen die Pflanzen genutzt – für sich selbst wie auch als Gabe an ihre Götter. Bis heute tragen sie daher eine Vielzahl von Bedeutungen.*

Rechts *Eine Wiese voller Wildblumen deutet Vitalität an und kann den Träumenden gemahnen, die „Gunst der Stunde" zu ergreifen.*

SCHÖNHEIT BETÖRT
Sobald aus der Rose eine Hagebutte geworden ist, werden ihre Dornen deutlich sichtbar.

Die Farben von Blumen haben in der Traumdeutung eine eigene Ikonografie. Weiße Blumen verkörpern Reinheit und Transzendenz; gelbe Blüten werden mit Wohlstand und Majestät – aber auch mit Neid – assoziiert. Rot steht für Leidenschaft und Sexualität, violett dagegen für Keuschheit und weibliche Spiritualität.

Wildblumen

In Traumgefilden wird die Mohnblume oft mit einer hoffnungsvollen Unruhe verbunden und als Symbol flüchtigen Glücks betrachtet. So wie gepflückte Mohnblumen schnell welken und absterben, künden sie im Traum von einer kurzen Romanze – wenn auch voller Zärtlichkeit und Liebe.

Schlüsselblumen symbolisieren ewige Liebe, Trost und Frieden. Erfolg in der Arbeit und tiefe Freundschaften versprechen Sumpfdotterblumen, während Veilchen Ausdruck freudiger Ereignisse und ehelicher Hingabe sind. Butterblumen, Gänseblümchen und Löwenzahn zeigen uns im Traum die vielen kleinen Segnungen des Alltags, die wir allzu leicht als selbstverständlich betrachten.

Vergissmeinnicht künden von ewiger Liebe und Hoffnung. Im Traum unterstreichen sie die Treue zu einem gegenwärtigen Partner oder tiefe Gefühle für jemanden aus Ihrer Vergangenheit,

Oben *Mohnblumen werden mit dem Schlaf in Verbindung gebracht. Morphium erhielt seinen Namen von Morpheus, dem griechischen Gott des Traumes.*

Rechts *Hopfen steht in enger Verbindung mit dem Schlaf. Viele Schlafmittel enthalten Hopfen, und sein Anteil verspricht süße Träume.*

Ganz rechts *Kaktusstacheln warnen im Traum vor kleinen Meinungsverschiedenheiten, die leicht zu größeren Rissen in einer Beziehung anwachsen können.*

den oder die Sie nicht vergessen oder ganz loslassen können.

Getreide und Ernte

Wenn man bedenkt, wie wichtig Getreide und Ernte bis heute für unser Überleben ist, versteht man, warum beides ein zentrales Thema ist – im Wachleben wie in unseren Träumen.

Mais wurde einst als das Kind von Sonne und Erde angesehen – und folglich als Symbol für Fruchtbarkeit und göttliche Weisheit betrachtet. Alte Traumkalender verbanden mit ihm emotionale Erfüllung und finanziellen Lohn. Weizen wird eng mit liebevoller Partnerschaft assoziiert und – noch vielversprechender – mit der Fruchtbarkeit eines aufgeklärten Geistes.

Weinberge und Obstgärten bedeuten ein langes Leben und Wohlstand. Wenn Sie aber im Traum sehen, wie Sie selbst Trauben pflücken, gilt dies manchmal als ungünstiges Zeichen, das vor einer Not aus Dummheit warnt. Wer im Traum sät, dem kündigt sich eine Zeit persönlicher Mühsal an, die schließlich in Wohlstand münden wird.

Stacheln, Dornen und Giftpflanzen

Nicht alle Pflanzen lassen sich gern als dekorative Objekte bewundern. Einige wollen nicht „einfach hübsch" aussehen und haben clevere Wege gefunden, sich selbst zu verteidigen. Viele betrachten solche Pflanzen mit Misstrauen, ja Verachtung; doch in Träumen nehmen sie den gleichen Rang ein wie die attraktiven Pflanzen. So agiert etwa der Fliegenpilz – anders als der essbare Champignon – im Traum als Warnung

Bester Schutz Vogelbeeren galten als Schutz vor Hexerei. Heute glaubt man, die dunkelroten Beeren würden vor Betrug und Schwindelei bewahren.

Wer sich in Baumwurzeln verfängt, wird an seine irdischen Sehnsüchte erinnert.

vor ungesunden Wünschen oder dem Streben nach prahlerischen Vergnügungen. Werden sie im Traum gegessen, kündigen sie Erniedrigung und Schande an. Die giftige Mistel verkündet Fruchtbarkeit und sexuelle Potenz; wer im Traum seiner Liebe einen Mistelzweig überreicht, findet in diesem Bild seine starke Liebes- und Freundschaftsbindung bestärkt.

Brombeeren und Brennnesseln versperren uns im Traum oft den Weg. Sie symbolisieren Ärger und Unglück, sollten aber nicht mit Angst betrachtet werden – denn sie kündigen keine Sorgen an, sondern legen uns vielmehr nahe, Probleme im Wachleben anzugehen.

Glück bringende Pflanzen

Bäume waren seit jeher mit Glück bringenden Qualitäten gesegnet, und wer im Traum einen Baum sieht, erhält einen Hinweis auf Erfüllung eigener Wünsche und Sehnsüchte.

Eichen sind bekannt für ihre Stärke, und man glaubt, dass der Traum von einer Eiche während der Schwangerschaft ein gesundes, starkes Baby ankündigt. Auch verheißt diese Baumart Hingabe in der Liebe.

Demgegenüber betont die Eibe im Traum innere Größe und die Notwendigkeit sorgfältiger Überlegung bei der Entwicklung neuer Projekte.

Fruchtstände und Samenkörner haben eigene Bedeutungen im Traum. Schlehen zum Beispiel mögen lecker aussehen, doch sie schmecken sauer und warnen davor, die Dinge lediglich nach ihrem Äußeren einzuschätzen.

Rechts *Die Esche galt den Kelten als heiliger Baum; heute symbolisiert sie die Freuden des Intellekts – etwa im Gebrauch der Sprache und bei Wortspielen.*

DAS LEIBLICHE SELBST

Im Schlaf drehen sich die Gedanken um uns – wir sind das wichtigste Thema in unseren Träumen. Daher wird es Zeit für die Interpretation der Körpersymbolik, der Auswirkungen von Leben und Tod sowie des Bildes, das wir von uns selbst haben. Die meisten glauben, ihren Körper zu kennen; doch in unseren Träumen erscheinen wir nur selten so wie im Wachleben. Oftmals träumen wir uns schlanker, muskulöser oder mit größeren Brüsten; solche Selbstbilder spiegeln aber nur unsere Wunschbilder. Gleichwohl bietet jeder Körperteil eigene Offenbarungen.

Körperlehre

Der Hals erinnert uns im Traum daran, in Liebesdingen unseren Kopf (den Verstand) genauso wie das Herz zu benutzen – und uns nicht blind in eine Beziehung zu stürzen, ohne zuvor die Auswirkungen zu bedenken.

Schultern repräsentieren die Last, die wir gern auf uns nehmen und die uns eine neue Perspektive im Leben gibt. Das Bild des Rückens deutet an, jemand könnte etwas gegen uns anzetteln. Die Brust symbolisiert Stärke und Autorität. Ein kräftiger Rumpf bedeutet für Männer die Übertragung von Verantwortung. Frauen, die von ihren Brüsten träumen, erhalten ein Zeichen ihres Selbstvertrauens.

Traumbilder von den eigenen Beinen und Füßen symbolisieren die sichere Grundlage unseres Sinns für Stabilität im Leben.

Das Gesicht

Augen sind „Fenster zur Seele", und dieses Bild kennt auch die Traumdeutung. Blaue Augen verraten Wankelmütigkeit, sie warnen vor Unbeständigkeit in der Liebe; haselnussbraune Augen vor möglichem Betrug seitens Schmeichlern. Braune Augen indes mahnen zur Vorsicht, eher dem zu vertrauen, was jemand tatsächlich tut, als dem, was er sagt.

Oben *Im Schlaf kann Ihre Psyche Sie an jeden Ort bringen. Wer einen Fußabdruck sieht (wie diesen hier auf der Mondoberfläche), bestätigt damit das Ankommen irgendwo. Erinnern Sie sich an den Ort – ob er aufregend oder langweilig ist –, denn er kann Ihnen Gelegenheiten im Wachleben offenbaren.*

Das alles sehende Auge

Im Traum warnt dieses Bild (das auf der US-Dollarnote zu sehen ist) davor, etwas Unehrliches zu tun und die eigenen Interessen über alles andere zu stellen.

Rechts *Das Gesicht ist der Teil unseres Körpers, der am klarsten unsere Gefühle ausdrückt. Das eines Freundes oder Verwandten im Traum zu sehen – insbesondere von jemandem, der kürzlich verstarb – kann eine Botschaft signalisieren. Wenn es lächelt, kann dies bedeuten, dass der Betreffende mit Ihnen zufrieden ist und Ruhe gefunden hat. Ein trauriges Gesicht kann Missfallen Ihnen oder einzelnen Ihrer Taten gegenüber ausdrücken.*

Der Mund reflektiert Bedenken, die der Träumende dem gegenüber hegt, was andere hinter seinem Rücken sagen könnten. Ein offener Mund kann einen Streit ankündigen, ein lachender Mund verrät Rücksichtslosigkeit, und volle Lippen offenbaren sexuelle Wünsche.

Was im Innern liegt

Träume von inneren Organen sind unmittelbar mit unserem Wohlbefinden verbunden. So gilt der Bauch als Spiegelbild unserer Sorgen im Alltag. Erscheint die Leber im Traum, kann das auf die Notwendigkeit einer Entgiftung unseres Körpers hindeuten oder darauf, die Ernährungsgewohnheiten zu ändern. Lungen haben eine Verbindung zur Seele und spiegeln die Sorge um den Verlust der Spiritualität.

Das Herz steht für Mitgefühl und Aufrichtigkeit. Wegen seiner Verbindung zur Liebe kann ein entsprechender Traum eine neue

Oben *Träume einer Gewichtszunahme werden als Zeichen für wachsenden Wohlstand gedeutet, können aber auch die Sorge um die Gesundheit ausdrücken.*

Liebesbeziehung ankündigen oder das Wiederaufleben einer vergangenen. Im Traum zu bluten symbolisiert den Verlust von Energie.

Kleine Unvollkommenheiten des Lebens

Viele haben Angst davor, die Haare zu verlieren. In Träumen von Männern kann dies finanzielle Verluste bedeuten, bei Frauen Erfolg im Beruf.

Wer im Traum altert, erfährt, dass er oder sie kluge Entscheidungen treffen wird. Wenn man von sich als wesentlich jünger träumt, spiegelt dies ein Verhalten wider, bei dem man die Fakten unbesonnen ignoriert.

Durch die Augen der anderen

Wir neigen dazu, uns ins Zentrum unserer Träume zu setzen. Manchmal erscheint dabei unser Körper verändert (zum Besseren wie zum Schlechteren) – oder wir sehen uns durch die Augen anderer. So wie die Angst vor Peinlichkeiten oft unser Verhalten im Wachleben diktiert, können Träume verstörend wirken, in denen wir uns selbst in Verlegenheit bringen.

Zwei der häufigsten beschämenden Träume betreffen die eigene Nacktheit in der Öffentlichkeit oder die Vorstellung, sich vor den Augen anderer auszuziehen. Obwohl dies auf den ersten Blick grausam erscheint, entledigt sich die Psyche oft auf diese Weise unterdrückter Ängste, die in der Kindheit entstanden sind.

Ins Leben gerufen

Viele Frauen träumen von einer Schwangerschaft. Solche Träume können einfache Wunschträume sein. Für andere jedoch kündigen sie einen Neuanfang an – vielleicht den Start eines neuen Projekts, das lange aufgeschoben wurde.

Geburtsträume deuten darauf hin, dass Träumende bisher ungeahnte Talente entdecken können. Wird darin die Geburt als schwierig erlebt, kann dies auf Hindernisse auf dem Weg zur Selbstverwirklichung verweisen.

Vielleicht ein Baby?
Auch Männer träumen davon, schwanger zu sein – manche sehen darin den Wunsch, sich mit dem „inneren Kind“ zu verbinden, andere schlicht das Erwachen elterlicher Instinkte.

Unten *Spiegel reflektieren nicht nur unser Aussehen, sie schmeicheln auch uns und unserer Eitelkeit. Generell sollten Spiegelträume in Umkehrung ihrer vordergründigen Aussage gedeutet werden.*

LEBEN UND TOD

Unten links *Spritzen und die Schmerzen, die sie verursachen, sind unangenehm. Im Traum sagen sie uns, dass wir vielleicht „aus Mücken Elefanten machen".*

Unten rechts *Medikamente können auch im Traum einen bitteren Geschmack hinterlassen – doch je bitterer, umso besser!*

Gesundheit ist eines unserer höchsten Güter, und die Sorge darum durchzieht unsere Träume. Sie führen uns Probleme vor Augen, die wir ansonsten ignorieren würden.

Träume von Krankheit weisen nur selten auf tatsächliche Probleme hin. Wenn Sie aber wiederholt von derselben Körperzone träumen, sollten Sie einen Arzt konsultieren. Auch wenn es selten vorkommt, kann unser schlummernder Geist uns gelegentlich auf Probleme aufmerksam machen, die im Wachleben übersehen werden.

Ärzte und Krankenschwestern

Aufgrund ihrer Rolle, uns bei unserer Heilung zu helfen, werden Ärzte und Krankenschwestern im Traum als positive Figuren betrachtet. Wer von einem Arztbesuch träumt, erhält einen Hinweis darauf, dass es Lösungen für kleinere Probleme gibt, die im Wachleben derzeitig bestehen. Einen Arzt in geselliger Umgebung anzutreffen gilt als gutes Zeichen für Gesundheit und Wohlstand. Kommt der Arzt zu Ihnen nach Hause, deutet dies an, dass Freunde und Familie Sie bei Ihren Problemen nicht im

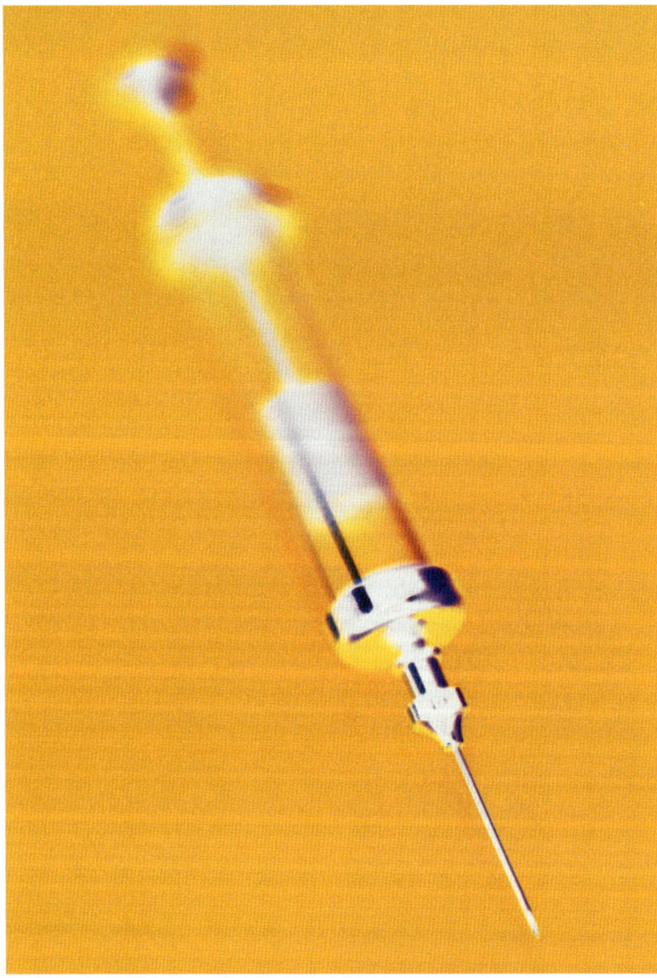

Niemand mag medizinische Behandlungen, doch sie tun uns gut. Dasselbe gilt für derartige Bilder in unseren Träumen.

Das leibliche Selbst

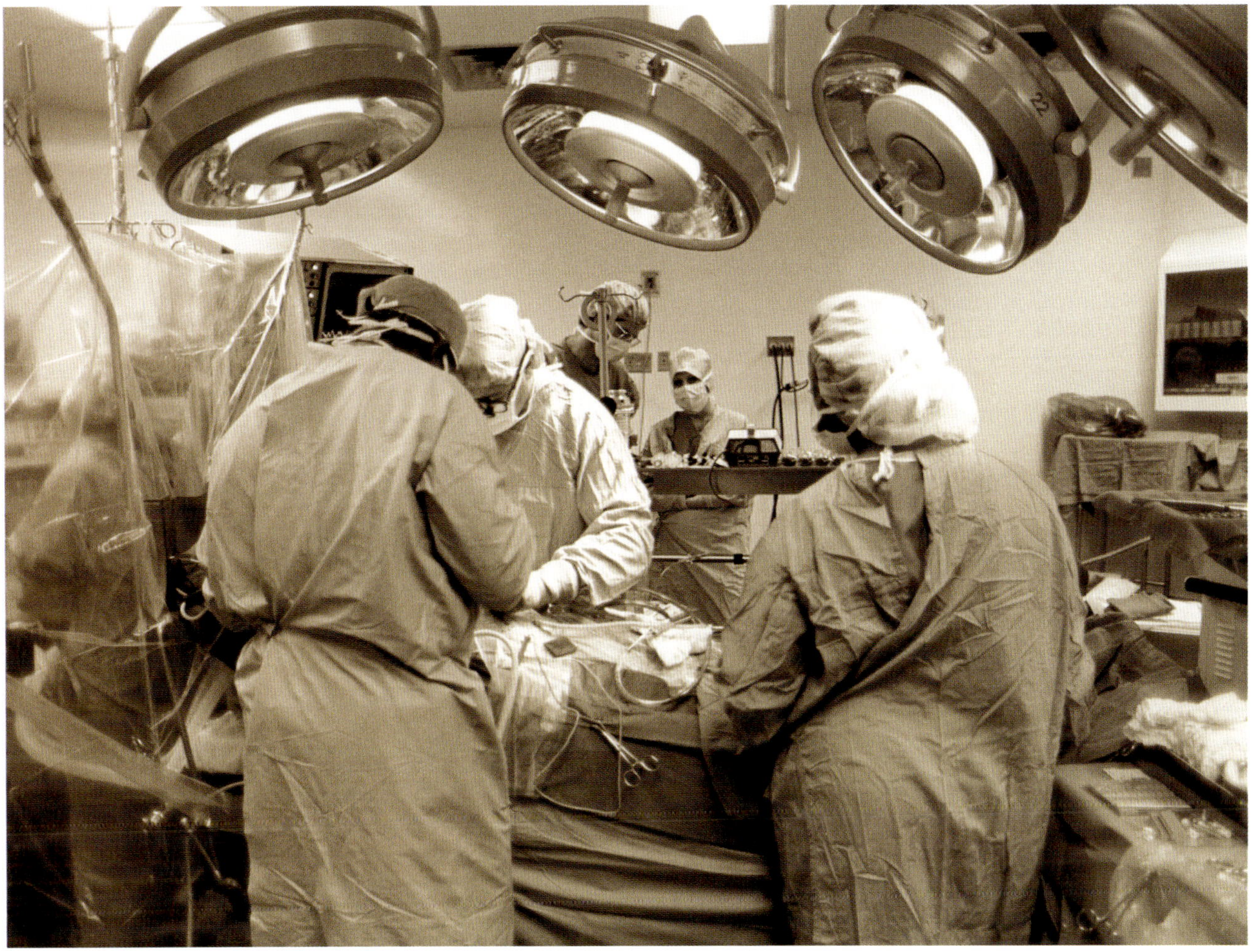

Stich lassen werden. Wenn der Träumende sich im Schlaf als ernsthaft krank erlebt, gilt dies allgemein als Zeichen dafür, dass im Wachleben Gesundheit vorherrscht. Dies ist ein Beispiel für den „entgegengesetzten Gedankengang" des Unterbewusstseins, das Ängsten durch ein sogenanntes „Worst-Case-Szenario" begegnet.

Ähnlich sieht die Traumdeutung auch in Krankenschwestern unterstützende Figuren. Hält sie zum Beispiel ein Baby im Arm, gilt das als Zeichen für eine ins Haus stehende neue und lohnende Freundschaft. Geht eine Krankenschwester im Traum bei Ihnen zu Hause ein und aus, nehmen Sie das als Zeichen stabiler Gesundheit.

„Es ist nur zu deinem Besten!"

Von Krankenhäusern zu träumen kann allein schon in Unruhe versetzen. Tauchen sie in unseren Träumen auf, nehmen wir sie als böse Zeichen dafür, Freunden oder Angehörigen könnten traumatische Zeiten bevorstehen. Doch statt düstere Vorboten zu sein, geben sie vielmehr Hinweis auf unsere Verpflichtungen anderen gegenüber.

Medizinische Instrumente besitzen eine eigene Symbolik. Skalpelle warnen vor gesundheitlichen Risiken, Stethoskope gelten als Vorboten von Indiskretionen und Thermometer erinnern uns an unsere Verantwortung gegenüber anderen.

Oben *Operationsträume sind als Signal zu verstehen, Bilanz zu ziehen und die Prioritäten im Leben neu zu setzen.*

Rechts *Träume vom eigenen Tod können sehr beunruhigend sein, doch oft warnen sie uns vor drohenden Gefahren von außen. Das kann zum Beispiel ein Rivale oder eine Rivalin sein, der oder die uns bei der Arbeit auszustechen versucht, oder ein Nebenbuhler bzw. eine Nebenbuhlerin in der Liebe – oder auch jemand, der uns emotional „aussaugt".*

Das leibliche Selbst

Krankheit und Gebrechlichkeit

Träume von Krankheit und Gebrechlichkeit können uns sehr beunruhigen, auch wenn sie in erster Linie unsere tiefsten Ängste und Sorgen beleuchten und uns vor möglichen Gefahren warnen, die sich noch umgehen lassen. Bei Träumen, in denen Schlafende Verletzungen erleiden, sollte auf die Intensität der Schmerzen geachtet werden.

Sind sie leicht, deutet dies auf nur geringe Beschwerlichkeiten für den Träumenden – seien es körperliche oder, wie häufiger, emotionale Irritationen auf dem Weg zu einem Ziel. Bei heftigeren Schmerzen sollten die Prioritäten überdacht und abgewogen werden, ob ein hoher Preis das Vorhaben wert ist.

Nahtoderfahrungen

Die Frage der Nahtoderfahrungen wird kontrovers diskutiert. Kritiker sind der Meinung, es handle sich dabei um gleichsam körperinterne Halluzinationen und weniger um Erfahrungen außerhalb des Körpers. Demgegenüber sind viele Frauen und Männer, die schon einmal „starben", vom Letzteren überzeugt.

Man spricht von einer außerkörperlichen Erfahrung, wenn die Seele den Körper verlässt; das kann für wenige Minuten oder auch nur Sekunden der Fall sein. Traumähnliche Erfahrungen wie diese ereignen sich bei Herzstillstand oder während einer Operation.

Obgleich für manche diese Erfahrung schrecklich erscheint, berichten die meisten, die eine Nahtoderfahrung gemacht haben, von einer großen inneren Ruhe. Viele finden im Glauben an ein Leben nach dem Tod Trost. In der Traumdeutung symbolisieren entsprechende Bilder oftmals einen Neuanfang.

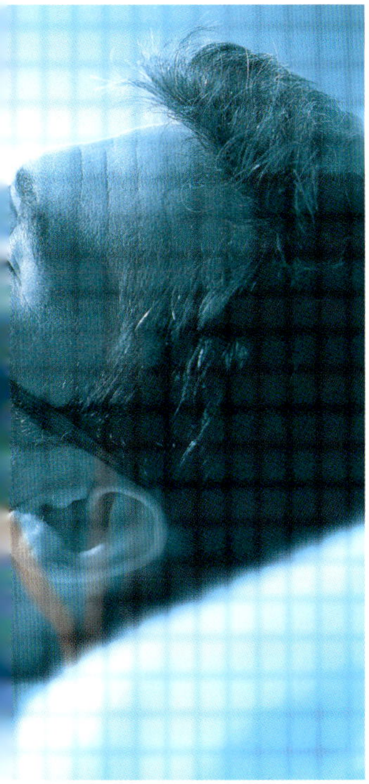

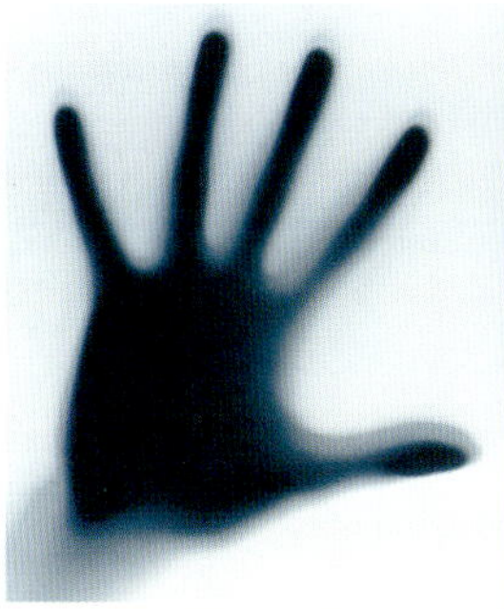

Nahtod
Wer einen Nahtod erfahren hat, spricht oft von dem Gefühl, den Leib verlassen und sich auf eine Reise begeben zu haben, meist einem strahlenden Licht am Ende eines Tunnels entgegen.

Der letzte Vorhang

Todesträume sind nicht per se ein schlimmes Zeichen. Paradoxerweise sprechen Träume, bei denen Träumende einer Beerdigung beiwohnen, von guter Gesundheit und der Aussicht auf ein freudiges Ereignis. Wer von seiner eigenen Beerdigung träumt, dem wird verkündet, dass eine schwierige Zeit bald überstanden sein wird.

Träume von vernachlässigten Gräbern weisen auf Geheimnisse hin, die Schlafende unentdeckt halten möchten. Zerbrochene oder umgestürzte Grabsteine warnen davor, Ambitionen niemals über die persönliche Zufriedenheit zu stellen. Träume vom eigenen Grab können traumatisch sein; sie symbolisieren Probleme im Wachleben, die Sie „zu begraben" versuchen.

Ein vernachlässigtes Grab besagt, dass der Träumende etwas verbergen möchte.

DAS EMOTIONALE SELBST

Unsere Gefühle bilden die Grundlage für alles: Ob es um unsere Familie oder Freunde geht oder um bekannte Persönlichkeiten – unsere Gedanken im Schlaf, mehr noch unsere sexuellen Gefühle zeigen, wer wir sind. Erotische Träume geben nicht nur unsere Fantasien wieder; sie offenbaren auch unbekannte Seiten unseres Charakters. Wer regelmäßig über eigene Vergnügungen fantasiert, zeigt ein größeres Interesse an der Befriedigung eigener Bedürfnisse als an denen anderer. Doch dies ist nur ein erster Blick in unsere erotische Traumlandschaft.

Verführerische Wünsche

In Träumen wie im Leben kann ein Flirt sowohl Ausdruck Ihrer Absichten als auch eine harmlose Ablenkung sein. Vom Flirt mit einem Arbeitskollegen, einer -kollegin zu träumen bedeutet nicht zwingend, dass tatsächlich der Wunsch danach besteht; eher drückt dies den Wunsch nach neuen Anregungen und Herausforderungen im Arbeitsleben aus.

Wenn Sie sich im Traum jemanden küssen sehen, den oder die Sie wirklich mögen, heißt das nicht, dass die Person Ihre Gefühle erwidert. Häufiger kommen Traumküsse mit geheimnisvollen Partnern vor – sie können den Beginn einer neuen Beziehung signalisieren.

Wer träumt, sich vor dem oder der Geliebten auszuziehen, offenbart die eigene Entspanntheit in Gegenwart der Person und die Bereitschaft, Geheimnisse mit ihr zu teilen und sich emotional einzulassen.

Träume von Sex in außergewöhnlichen Stellungen oder an ungewöhnlichen Orten zeigen den Wunsch nach mehr Leidenschaft; Träumende sollten Wege suchen, ihr Liebesleben neu zu beleben. Auch im Traum eine Affäre zu haben deutet auf den Wunsch nach neuen sexuellen Freiheiten – nicht unbedingt jedoch in einer neuen Beziehung.

Oben *Träume, in denen ein Schlüssel ins Schlüsselloch gesteckt wird, korrespondieren eng mit den Sexualrollen von Mann und Frau.*

Linke Seite *Unser emotionales Selbst ist überaus komplex. Der „Narr“ (linke Seite) steht für unverfälschte Offenheit (s. S. 64) – doch dies ist nur eine von vielen Seiten unseres Selbst und unserer Emotionen.*

Oben rechts *Freud glaubte, unsere Träume offenbarten unsere geheimen Wünsche. Bei Trauminhalten Erwachsener nahm er ausnahmslos Wünsche nach sexuellen Aktivitäten an.*

Unten rechts *Träumen Männer von ihrer Impotenz, so offenbart das eine Unfähigkeit im Umgang mit realen Herausforderungen. Kein Grund zum Verzweifeln – wenn Träumende solche Anforderungen methodisch angehen, werden sie erstaunt sein, wie leicht sich die Kontrolle über das Leben wiederherstellen lässt.*

Sexuelle Traumthemen

Rollenspiele sind ein häufiges Thema in erotischen Träumen. Ärzte und Krankenschwestern repräsentieren eine äußere Macht über den eigenen Körper. Polizisten und Polizistinnen üben Autorität aus und fordern Disziplin; Striptease- und Burlesktanz-Träume spielen eher mit traditionellen Rollenbildern.

Träume von Prostituierten oder Orgien sprechen vom Wunsch nach sexuellen Experimenten. Ihre Bedeutung ist selten ermutigend, zu tief ist der Graben althergebrachter Moralvorstellungen, der solche Bilder hervorbringt.

Sexualträume mit Angehörigen des eigenen Geschlechts offenbaren nicht immer homosexuelle Tendenzen. Oft personifizieren diejenigen, mit denen wir im Traum schlafen, Eigenschaften, die wir uns selbst wünschen.

In Fesselträumen findet das Bedürfnis Ausdruck, die Kontrolle abzugeben. Vor allem Personen in leitenden Positionen träumen sie; oft sehnen sie sich heimlich danach, für eine Weile keine Verantwortung zu tragen.

Sexueller Angst begegnen

Die häufigste Form sexueller Angst ist die vor dem Versagen; Träume dieser Art spiegeln unmittelbar Ängste im Wachleben wider. Manchmal werden darin Probleme weit übertrieben und erscheinen gravierender, als sie tatsächlich sind. Etwa dadurch, dass Träumende sich öffentlichen Blicken ausgesetzt sehen oder der Partner oder die Partnerin sie auslachen. Das scheinbare sexuelle Versagen verweist jedoch in den meisten Fällen auf andere Bereiche, in denen Schlafende dieses Gefühl haben – vielleicht wegen wachsender Schulden oder beruflicher Rückschläge.

Voyeure beziehen sexuelle Befriedigung aus der Beobachtung anderer. Träume, in denen Sie selbst als Voyeur erscheinen, offenbaren ein Unbehagen hinsichtlich des eigenen Sexualverhaltens und den Wunsch nach

einfühlsamer Bestärkung durch den Partner oder die Partnerin.

Wahre Liebe

Liebesträume können heimliche Leidenschaften oder die Sehnsucht nach Belebungen im Leben ausdrücken; auch wer in einer glücklichen und liebevollen Beziehung lebt, kann solche Träume haben. Sie besagen nur selten, dass wir gegenwärtig unglücklich sind, sondern dass wir eine Belebung unseres Alltags suchen – die auch im Erlernen einer neuen Sprache oder in Reisen an exotische Orte bestehen kann.

Sich im Traum in jemanden zu verlieben, der oder die unerreichbar ist, kündigt Enttäuschungen an. Obwohl die Person nah zu sein scheint, wird ihre Liebe unerreichbar bleiben.

Träume von der ersten Liebe sind besonders ergreifend, weil sie an bittersüße Erinnerungen rühren können. Im Traum gilt die erste Liebe als Bild der Unschuld – und als Ausdruck des Wunsches nach einfacheren Zeiten.

Saure Liebe

Träume vom Bruch einer Beziehung sind kein Zeichen dafür, dass diese in Gefahr ist; sie können eher zufällig in den Traum einfließende Probleme aus dem Wachleben reflektieren.

Wenn Sie träumen, dass Sie und Ihr Partner oder Ihre Partnerin sich entfremden, kann dies ein Ausdruck von Belastungen in Ihrer Beziehung sein. Dann sollten Sie miteinander über Ihre Wünsche sprechen und darüber, wie Sie Ihre Beziehung verbessern können.

Träume von der Ablehnung durch einen geliebten Menschen sind oft nur ein Zeichen unserer Ängste. Manchmal kann dies aber auch auf die Möglichkeit deuten, einen Neuanfang mit jemand anderem zu wagen, der oder die besser zu uns passt. Scheidung ist ein bedrohliches Ereignis im realen Leben; im Traum signalisiert sie Unabhängigkeit und Erfolg durch eigene Anstrengungen.

Oben *Wer träumt, jemanden kennenzulernen und gegenseitige Zuneigung zu entwickeln, erhält ein Zeichen für Selbstvertrauen.*

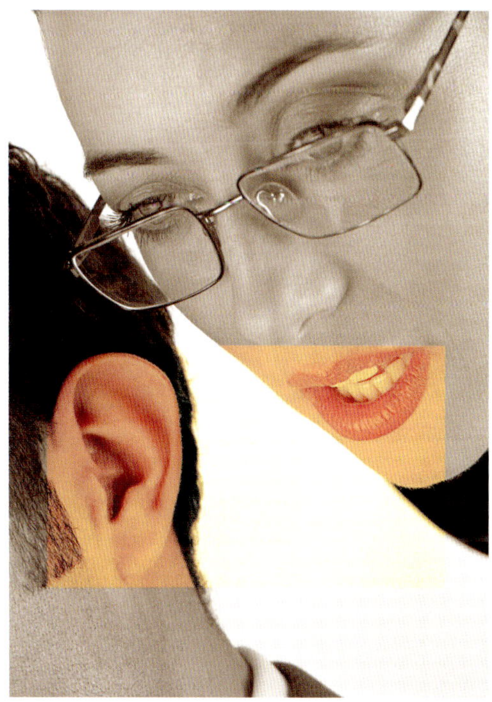

Rechts *Wenn wir träumen, dass jemand Gerüchte über uns oder unsere Lieben verbreitet, kann dies Folgendes bedeuten: Insgeheim wissen wir, dass in unseren Beziehungen etwas nicht stimmt.*

UNSERE LIEBEN

Unten *Im Traum reflektiert die Beziehung zwischen Mutter und Tochter weniger die Stärken und Schwächen der Träumenden als vielmehr ihre Hoffnungen und Ängste im emotionalen Bereich*

Die Bedeutung, die Freunde und Familie für uns haben, besagt auch, dass ihr Auftauchen im Traum uns gleichermaßen erfreuen wie beunruhigen kann. Man könnte annehmen, sie symbolisierten Sicherheit und Unterstützung. Träume können jedoch Ereignisse und Personen so verzerren, dass sie uns tief verstören – vor allem, wenn geliebte Menschen darin in Gefahr geraten. Dies sollte jedoch nicht als ein Vorzeichen für Leid verstanden werden, sondern als unbewusste Erinnerung daran, wie viel sie uns bedeuten.

Die eigene Familie

Träume von den eigenen Eltern drücken den Wunsch nach Sicherheit und Anerkennung aus. Im Traum in die warmen Arme einer Mutter oder eines Vaters zurückzukehren kann bedeuten, dass wir uns mit einzelnen Aspekten unseres gegenwärtigen Wachlebens schwertun; wir suchen Trost, den nur unsere Eltern spenden können. Mütter sind die Personifikation unterstützender Liebe, Väter spiegeln den Wunsch nach Autorität und Schutz.

Auf unsere Söhne und Töchter sind wir stolz; im Traum verkörpern sie nicht nur den Stolz auf unsere Familie, sondern auch auf anderweitig Erreichtes. Sehen Träumende sich als Vater mit einem Sohn, sind Verhalten und Gefühle des Sohnes von Bedeutung – darin finden sich vielfach die eigenen Sehnsüchte ausgedrückt. Eine Mutter, die von ihrer Tochter träumt, erhält ebenfalls den Spiegel vorgehalten; hierbei liegt der Fokus auf Ängsten und Hoffnungen für die eigene Zukunft.

Es sind unsere Brüder und Schwestern, an die wir uns in schwierigen Zeiten am ehesten wenden. Im Traum die eigenen Geschwister zu sehen macht Mut und ist ein Zeichen für Seelenstärke und die Fähigkeit, Probleme selbst angesichts widriger Umstände zu bewältigen.

Großeltern stehen für Weisheit und Wissen. Man sollte auf ihren Rat im Traum hören – vor allem, wenn zu lösende Probleme anstehen.

Freundschaften

Freunde sind unsere Wahlverwandten; mit ihnen teilen wir unsere Gefühle und Sehnsüchte,

Unten *Träumt ein Vater von seinem Sohn, sind das Verhalten und die Emotionen des Kindes wichtig – sie lassen auf Stärken und Schwächen des Träumenden schließen.*

Freude und Ängste. Im Traum können sie, die uns oftmals näher ans Herz wachsen als unsere Familie, vielschichtige Rollen spielen. Vom Wiedersehen eines alten Freundes zu träumen kann Ausdruck eines nostalgischen Wunsches sein, aber auch ein Verlustgefühl im aktuellen Leben oder den Wunsch nach Rat und Beistand in schwierigen Zeiten artikulieren.

Im Traum erhalten wir oftmals Hilfe durch einen „Freund“, den wir nicht kennen. Dies kann ausdrücken, dass wir uns von unseren Freunden nicht verstanden fühlen. Eher noch erinnert uns unsere Psyche mit diesem Bild daran, dass auch wir eine Verantwortung für die um uns herum tragen – für unsere Familie und alle, die unsere Hilfe benötigen.

Im Traum von einem Freund betrogen zu werden mag als böse Vorahnung für die Freundschaft erscheinen; gewöhnlich drückt sich darin aber unsere Angst aus, sie zu verlieren.

Der Liebe Los Angst um unsere Lieben kann bisweilen in unsere Träume vordringen und uns glauben lassen, sie wären in tödlicher Gefahr. Solche Träume sind jedoch meist Ausdruck unserer gesunden Besorgnis und sollten keinesfalls als Prophezeiung gewertet werden. Verstört Sie ein solcher Traum, teilen Sie der betreffenden Person Ihre Befürchtungen mit.

VISIONÄRE PERSÖNLICHKEITEN

Wenn wir von berühmten Personen träumen, bedeutet das nicht notwendigerweise, dass wir selber zu Ruhm gelangen wollen. Dennoch steckt darin das Bekenntnis, dass wir gern ihre Fähigkeiten oder eine mit ihnen assoziierte Eigenschaft teilen würden. Dies kann für den Träumenden auch einen positiven und anspornenden Effekt haben.

Rechts *In dem Gemälde* The Magic Apple Tree *(um 1830) porträtiert der englische Maler Samuel Palmer eine traumhafte Realität als Ort fantastischen Überflusses und scheint darin seine eigenen Worte zu reflektieren: „Wir sind wie eine schlafende Schmetterlingspuppe, die von ihren Flügeln träumt."*

Im Traum verwandeln wir uns in Gestalten, deren Eigenschaften wir uns wünschen – etwa Heldenmut oder Verschwiegenheit. Sie erzählen uns zugleich etwas darüber, wer wir gegenwärtig tatsächlich sind – der Weise oder der Narr!

Bilder vom Selbst

In unseren Träumen treffen wir viele Leute, auch wenn diese oft Personifikationen unserer Gefühle und Sehnsüchte darstellen.

Der Held ist ein beliebtes Bild; er kann als Filmstar, historischer oder fantastischer Krieger erscheinen. Jedes Bild enthält eine Facette, die Träumende nachahmen möchten. Obwohl in den meisten Fällen hierbei Wunscherfüllung im Spiel ist, können Helden im Traum auch Eigenschaften des Schlafenden reflektieren, derer er oder sie sich gegenwärtig nicht bewusst ist.

Bilder von Masken oder vom Tragen einer Maske offenbaren den Wunsch, Aspekte der eigenen Persönlichkeit zu verstecken. Wer im Traum die Maske abnimmt, erhält ein Zeichen wachsenden Selbstvertrauens.

Der Eremit symbolisiert, wie sollte es anders sein, die Einsamkeit und den Wunsch des Schlafenden nach mehr Zeit für sich. Wem im Traum ein Eremit begegnet, dem wird nahegelegt, Antworten auf anstehende Fragen bei sich selbst statt im Umfeld zu suchen.

Eines der interessantesten Bilder ist der Narr. Der Glücksbringer geht zurück auf den „Hofnarr", dem es vor Jahrhunderten als Einzigem unter sonstigen Schmeichlern erlaubt war, den König zu kritisieren. Von ihm allein kam folglich vorurteilsfreier und vertrauenswürdiger Rat. Wer im Traum dem Narren begegnet, hat vielleicht schon eine glückliche Balance zwischen Arbeit und Freizeit gefunden.

Inspirations- und Autoritätsfiguren

Träume von der Begegnung mit berühmten Persönlichkeiten können Wunschträume sein. Taucht darin jemand auf, den wir bewundern, kann das auch etwas über uns aussagen.

Wichtig sind nicht so sehr die Personen, denen wir im Traum begegnen, als vielmehr die Eigenschaften, die wir mit ihnen verbinden. Vom gegenwärtigen Präsidenten zu träumen mag Ausdruck des eigenen Erfolgswunsches sein. Ähnlich deuten Film- und Musikstars im Traum an, dass wir gern ihre Fähigkeiten und ihren Erfolg hätten. Manchmal inspirieren uns solche Träume dazu, ein Instrument zu erlernen, mit dem Tanzen oder Malen zu beginnen – oder was immer uns unseren Wünschen näherbringt. Eine kleine Warnung ist hier jedoch angebracht: Regelmäßig von Berühmtheiten zu träumen kann negative

Aspekte enthalten – besonders, wenn man davon träumt, sie zu bedienen. Solche Träume legen nahe, dass man sich im Wachleben unterlegen oder übersehen fühlt.

Personen mit Autorität helfen uns im Wachleben, und auch im Traum dienen sie der Orientierung und Unterstützung. Neben der Familie haben Lehrer zweifellos den größten

Oben *Von Mutter Teresa zu träumen kann den Wunsch ausdrücken, anderen zu helfen.*

Einfluss auf uns als Kinder; folglich sind sie in unser Unterbewusstsein mit eingebunden. Erscheint ein früherer Lehrer im Traum, so offenbart dies den Wunsch nach Struktur im gegenwärtigen Leben. Auch legt er uns nahe, den Rat und die Meinung Vertrauter einzuholen, bevor wir Entscheidungen treffen.

Polizisten stehen für Sicherheit und Schutz. Erscheint im Traum jemand in Uniform, gilt das als Zeichen dafür, dass von unerwarteter Seite Hilfe und Unterstützung nahen könnte. Auch mahnt uns die uniformierte Gestalt bei anstehenden Entscheidungen daran, den richtigen – und nicht den scheinbar leichtesten – Weg zu wählen.

Ein Richter im Traum wurde früher als Ankündigung verstanden, ein Feind werde den Tod finden. Heute deutet man sein Erscheinen als Signal für eine anstehende ernsthafte Auseinandersetzung über vergleichsweise triviale Probleme.

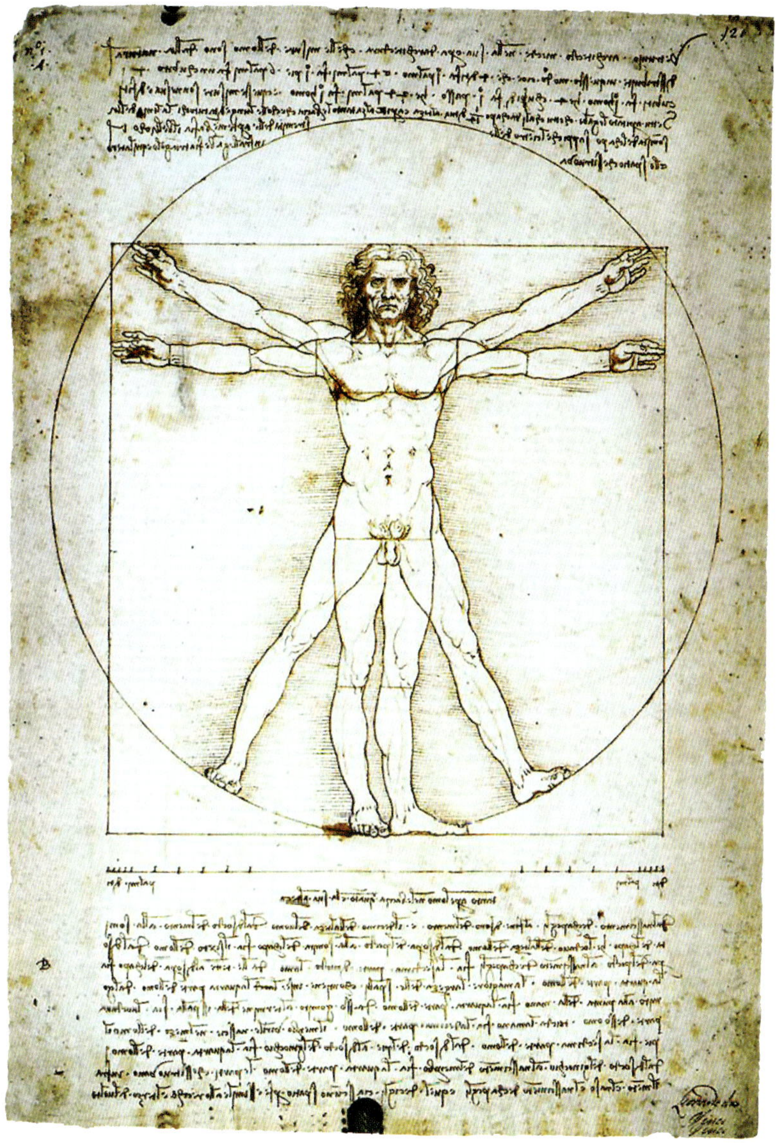

Oben *Leonardo da Vinci schuf die berühmte Illustration vom vitruvianischen Menschen (1492). Wer von einem berühmten Künstler träumt, mag sich inspiriert fühlen, sich selbst kreativ zu betätigen.*

DAS SPIRITUELLE SELBST

Ginge es in der Welt einzig um Physisches, sie wäre ein wahrhaft trüber Ort und eine Welt ohne Antworten. Doch Menschen suchen seit jeher nach Antworten auf große Fragen wie: Wer und was sind wir? Das führte zur Entwicklung unserer Spiritualität – des Glaubens und der Fantasien vom Glück und von den dunklen Seiten unserer Existenz wie die der Gewalt. Träume erlauben uns, solche Gedanken und Gefühle zu durchstreifen, und spielen eine zentrale Rolle, wenn wir unsere Spiritualität – und nicht zuletzt die Religionen der Welt – verstehen wollen.

Glauben und Gottesverehrung

Teile des Korans wurden Mohammed im Traum offenbart. Jakob (der Urvater der zwölf Stämme Israels) träumte davon, auf einer Leiter zum Himmel zu steigen, wo Gott ihm das Land Israel verhieß. Auch im Hinduismus werden Träume interpretiert, um daraus den Willen der Götter zu erfahren. Auf allen Kontinenten leben Menschen, die daran glauben, dass ihr Gott durch Traumbilder mit ihnen kommuniziert.

Auch wenn man Träume heute eher mit der menschlichen Psyche als mit göttlichen Geboten verbindet, sind sie – zumal religiösen Inhalts – für Gläubige nach wie vor von Bedeutung. Wenn wir träumen, dass Gott zu uns spricht, kann dies ein Hinweis darauf sein, dass unser Unterbewusstsein eine Frage beschäftigt, der wir uns widmen sollten.

Glaubenssymbole

Kirchen, Tempel, Synagogen, Moscheen – sie alle sind Gebäude von großer spiritueller Bedeutung und Orte erhabener Größe und Ehrerbietung, selbst für Atheisten. In Träumen werden sie oft als Repräsentanten der Seele betrachtet. Einen Ort der Gottesverehrung im Traum leer zu sehen – ohne Ausstattung und Dekor – ist ein Zeichen dafür, dass der

Oben *Ein Engel, der im Traum erscheint, kann Trost spenden; doch es ist ebenfalls möglich, dass er eine wichtige Botschaft vermittelt.*

Rechts *Von einem Heiligen zu träumen, wie beispielsweise von dem hier dargestellten Sankt Georg, bedeutet spirituelle Hilfe zu erhalten.*

Unten *Der Altar ist der zentrale Ort einer Kirche. Davon zu träumen bedeutet, den inneren Frieden zu entdecken. Mit dem Rücken zum Altar zu stehen verweist hingegen auf aufkommende Sorgen.*

Träumende den einstigen Glauben verloren hat. Eine reich geschmückte Kirche oder Moschee voller Gläubiger hingegen kann ein Hinweis auf das Wiedererwachen eigener Spiritualität sein.

Bilder aus dem Innern religiöser Gebäude sind ebenfalls von Bedeutung. Das Taufbecken etwa ist das Symbol der Aufnahme in das Christentum; im Traum steht es allgemein für Erneuerung und Neuausrichtung der eigenen Wege.

Glocken rufen die Christen zur Kirche; in Träumen kündigen sie gute Neuigkeiten an. Im Islam gelten Minarette als Symbol der Andacht und des Gehorsams gegen Gott; in Träumen repräsentieren sie spirituell Neues.

Blumen können eine Kirche oder einen Tempel schmücken; tauchen sie in einem religiösen Traum auf, deutet das auf ein Wiedererwachen innerer Spiritualität. Eine Kerze, die ruhig brennt, symbolisiert Festigkeit im Glauben. Statuen verkörpern ein intuitives Bewusstsein – und legen Träumenden nahe, trotz eventueller Zweifel den eigenen Instinkten zu folgen.

Ein Kreuz sagt dem Schlafenden (selbst wenn er nicht gläubig ist), dass die schlechten Zeiten, auch wenn das Schicksal sich gegen ihn verschworen zu haben scheint, ihrem Ende entgegengehen. Ein heiliges Buch – etwa die Bibel oder der Koran – symbolisiert Taktgefühl und Empfindsamkeit. Einen Eid darauf abzulegen versichert dem Träumenden, dass seine Handlungsweise, trotz möglicher Kritik, korrekt ist.

Himmel und Hölle

Vom Himmel zu träumen ist ein Zeichen der Erhebung. Dabei kann es sich um die Entwicklung der eigenen Spiritualität oder des Glaubens handeln, in weltlichem Sinne auch um einen sozialen oder beruflichen Aufstieg.

Bilder der Hölle sind weniger erfreulich. Sie reflektieren die Situation des Träumenden und werfen ein Licht auf die Sorgen, die ihn quälen. Höllen- und Folterträume fußen vielfach auf mittelalterlichen Bildnissen, in denen „verfolgt" wurde, wer gesündigt hatte. Wiederholen sich Träume von der Hölle, weist das auf die Dringlichkeit hin, mit der „Sünden" im Wachleben behoben werden sollten, um das eigene Gewissen zu beruhigen.

Spirituelle Helden

Pilger und Märtyrer stellen ihren Glauben über alle weltlichen Wünsche. Ihre Rolle im Traum besteht darin, uns die Richtung zu einem „besseren Leben" zu weisen. Im Traum eine Pilgerreise zu unternehmen, sehen viele als Zeichen für begangene „Sünden", die gebüßt werden müssen. Andere mögen darin den Wunsch nach einem Rückzug von den Tumulten des Alltags erkennen, um sich selbst zu entdecken. Wenn jemand zusieht, wie Sie im Traum auf Pilgerreise gehen, versuchen Sie, sich zu erinnern, wer Ihnen half und wer Sie daran zu hindern suchte – beide weisen Charaktereigenschaften auf, die wir bei den Menschen wiederfinden, die uns im Wachleben begegnen.

Priester, Rabbiner und Imame sind Menschen, die ihr Leben dem Gottesdienst widmen. Im Traum können sie als Vertraute, als Lehrer erscheinen, selbst als Elternteil – jede dieser Rollen ist wichtig für uns. Wer im Traum unterrichtet wird, sucht vielleicht im Wachleben einen Rat. Im Traum getröstet zu werden spricht die Sehnsucht nach Unterstützung bei einer Unternehmung aus, deren Gelingen man ohne diese als fraglich erachtet.

Märtyrer bringen das ultimative Opfer. Wenn sie im Traum erscheinen, kann dies ein Zeichen dafür sein, dass Schlafende bestimmte Aspekte ihres weltlichen Selbst opfern sollten – zum Wohl ihrer Spiritualität.

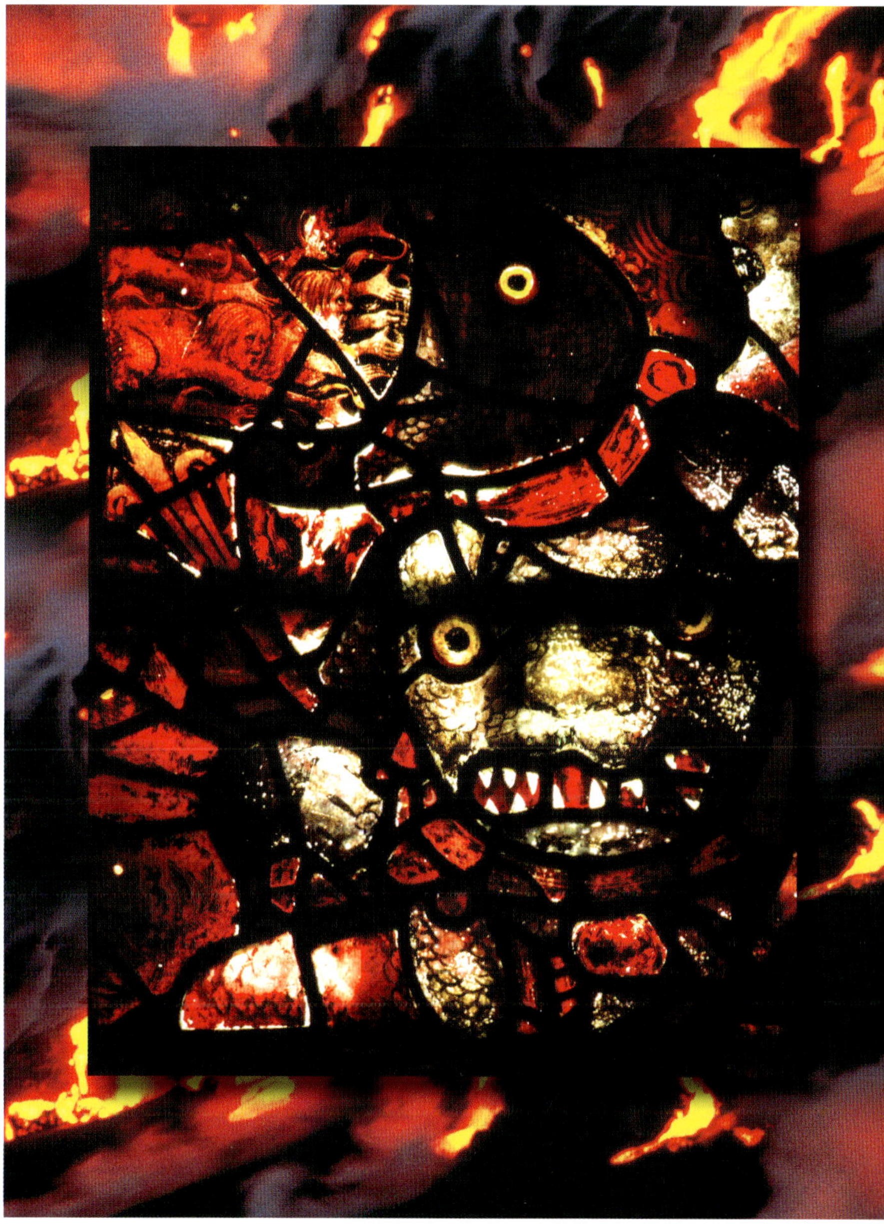

Oben *Das Wort „Hölle" entstammt dem germanischen Wort „hel" für verbergen. Dieses Verb trifft den Wunsch all jener, die von Traumbildern feuriger Orte geplagt werden. Träume von der Hölle sind eine Empfehlung, das aufzudecken, was uns quält.*

Vom Gespräch mit einem Pilger zu träumen deutet darauf hin, dass Probleme nur durch Hilfe von außen gelöst werden können.

Oben *Das Einhorn symbolisiert im Traum die enge Freundschaft mit einem Angehörigen des anderen Geschlechts – erscheint es selbst doch als die Vereinigung zweier Seelen.*

Rechts *Von einem Dämon zu träumen offenbart Schuldgefühle, die den Schlafenden im Unterbewusstsein heimsuchen.*

FANTASIE- UND FABELWESEN

Mythen und Magie werden in der gegenwärtigen Gesellschaft immer unwichtiger. Unsere Vorfahren glaubten noch an mythische Wesen; heute erzählen nur noch Kindergeschichten von ihnen. Dennoch hallt ihr Echo bis in die Träume dieser Tage nach – und Visionen, die uns bei Tage allzu fantastisch erscheinen, finden ihren Platz in unseren Träumen.

Himmlische Boten

Unsere Träume sind eine wahre Fundgrube religiöser Symbolik; das gewiss bedeutungsvollste Zeichen ist der Engel (*siehe rechte Seite*). Er kann nicht nur eine Botschaft für den Träumenden bereithalten, seine Gegenwart symbolisiert stets auch Trost, Weisheit und Schutz. Ist der Träumende aufgebracht oder fühlt er sich verlassen, so agieren Engel als schützende Begleiter des Verletzlichen. Sie wachen über ihn und stärken seine Kraft und seinen Willen, die er braucht, um seine Situation zu verbessern.

Monsterbesuch

Unsere Psyche besteht aus widersprüchlichen Komponenten, und die dunkleren Elemente, die unser Bewusstsein unterdrückt, schwären am Tage im Hintergrund. Im Schlaf können sich ihre Fesseln lockern; dann werden sie im Traum manifest.

Träume von Dämonen haben ihre Bedeutung als Zeichen ewiger Verdammnis längst verloren, dennoch haftet ihnen auch heute ein Hauch von Verderbtheit an. Die Begegnung mit einer teuflischen Gestalt im Traum kann als Vorahnung einer anstehenden Versuchung interpretiert werden.

Der Traum von einem Vampir oder Werwolf warnt: Jemand oder etwas nagt an Ihrer spirituellen Kraft – vielleicht eine belastende Sorge, die sämtliche psychische Energie „aufsaugt".

Unheilvolle Zauberer

Die heutige Welt hat keinen Platz mehr für Mystisches und Zauberei. Elfen und Zauberer

Links *Wenn ein Engel in Ihrem Traum erscheint, versuchen Sie festzuhalten, welche Botschaft er Ihnen übermittelt. Engel können Ihnen den rechten Weg weisen, Sie vor Gefahren warnen, Sie aber auch für begangenes Unrecht bestrafen. Welchen Rat er auch für Sie bereithält: Sie sollten ihn ernst nehmen!*

können uns nicht mehr „verzaubern". In unseren Träumen besitzen diese Wesen jedoch noch manchen Einfluss und sollten nie als bloße Einbildungen kindischer Fantasie abgetan werden.

Feen und Elfen waren ursprünglich böswillige Wesen, die den Menschen austricksten, um ihm zu schaden. In Träumen kehrt vieles von dieser traditionellen Vorstellung wieder. Hier warnen Elfen uns vor denen, die uns zu unterstützen scheinen, in Wahrheit jedoch nur eigene Interessen verfolgen.

In ähnlicher Weise dienen uns Irrwische und andere Feuergeister, die den Reisenden vom Wege abzubringen und in gefährliche Sümpfe zu führen pflegten. Sie warnen uns vor vermeintlichen Helfern, die uns letztlich nur scheitern sehen wollen. Einem Riesen oder Menschenfresser im Traum zu begegnen kündigt Probleme im Wachleben an: Je größer oder furchterregender das Traumwesen ist, umso größer das Hindernis, das es zu überwinden gilt. Die Hexe dagegen verkörpert den Wunsch des Schlafenden nach Erkenntnis in Glaubensfragen und einer höheren Bewusstseinsebene.

Mythische Tiere

Drachen gehören zu den mächtigsten Tieren in Träumen; aufgrund ihrer Macht gelten sie als Sinnbild innerer Kraft. Der Greif symbolisiert Wachsamkeit, und die Sphinx warnt vor Selbstbetrug. Kentauren ermahnen Träumende, nicht vorschnell zu handeln und keine voreiligen Urteile zu fällen.

Gotik Böses verjagt Böses – Fratzen wie die eines gotischen Wasserspeiers können als Schutz betrachtet werden. Sie raten uns, Menschen nicht nach ihrem Äußeren zu beurteilen.

GLÜCK – ZEICHEN, ZAHLEN UND SYMBOLE

Unten *Das Hufeisen ist ein traditionelles Glückssymbol – im Traum kündigt es trotz Pessimismus Erfolg an.*

Menschen haben von jeher den Wunsch, überall nach Glückszeichen zu suchen. Seit jeher schrieben sie einigen Symbolen mystische Eigenschaften zu – und zogen dabei oft haarsträubende Verbindungen.

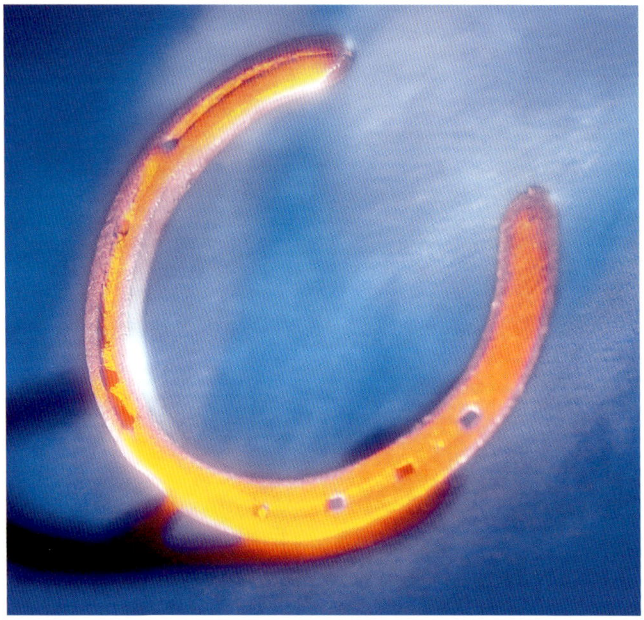

Talismane

Einfachen Objekten wurden Glück bringende Fähigkeiten zugeschrieben, weil der Mensch danach trachtete, die Macht des „zufälligen Glücks" zu zähmen. Das Hufeisen, das vierblättrige Kleeblatt, ein Hasenfuß – sie alle symbolisieren Glück. Und wegen ihrer Rolle in unserem Unterbewusstsein fanden diese Objekte auch Eingang in unsere Träume.

Ein Stundenglas erinnert uns im Traum daran, nicht bis morgen aufzuschieben, was heute erledigt werden kann. Leitern deuten das innere Streben nach höheren Zielen an und offenbaren den Wunsch nach Erfolg – ob in beruflicher oder persönlicher Hinsicht. Wenn Sie von einer Leiter fallen, sagt dies aber nicht unbedingt, dass Sie beim Verfolgen Ihrer Ziele keinen Erfolg haben werden, sondern, dass Sie mehr an sich glauben oder aber Ihre Strategie ändern sollten.

Die Macht der Zahlen

Zahlen kommen erstaunlich häufig in Träumen vor. Die Eins ist das Symbol der Seele und bedeutet Unabhängigkeit und Individualität. Die Zwei steht für Vereinigung und Kameradschaft; sie kann eine neue Beziehung oder auch die Festigung einer bestehenden symbolisieren. Die Drei gilt als Zeichen der Schöpfung, die Vier als Signal für Stabilität und Ausgeglichenheit. Die Fünf symbolisiert Energie; sie wird mit dem Wunsch nach Freiheit und Abenteuer assoziiert. Sechs ist die Zahl des Gleichgewichts und der Harmonie, was von dem Glauben herrührt, dass Gott in sechs Tagen die Welt schuf. Die Sieben gilt als Glückszahl schlechthin; sie symbolisiert die Beziehung des Menschen zu Gott, den sieben Tugenden und sieben Todsünden. Die Traumdeutung sieht in der

Unten *Der über dem Zeigefinger gekreuzte Mittelfinger gilt im Traum als Wunschzeichen: Die Finger ahmen die Position zweier Liebender nach – einer liegt auf dem anderen.*

Das spirituelle Selbst

Acht eher das Zeichen für neue Horizonte als des Zerfalls.

Die Neun symbolisiert Wachstum und Schwangerschaft (so, wie die Geburt des Menschen nach neun Monaten im Mutterleib erfolgt) und kündigt häufig eine neue Entwicklung an.

Farben in Träumen

Farben können heftige Emotionen auslösen und haben daher in Träumen eine starke Symbolkraft. Die Farbe Rot steht für Erregung, Zorn und Aggression sowie sexuelle Energie. Sie rührt im Träumenden Wünsche nach sofortigem Handeln auf – und danach, den Gefühlen Vorrang vor allem anderen zu geben.

Blau ist die Farbe spiritueller Weisheit und strahlt Mitgefühl und Geistesstärke aus. Sie gilt als Gegenpart zu Rot und mahnt zu durchdachtem Handeln.

Grün symbolisiert Wachstum und Heilung; wenn man während einer Krankheit von dieser Farbe träumt, gilt das als Zeichen der Besserung. Für Liebende kann sie jedoch Eifersucht und Misstrauen – auf Seiten des Träumenden oder des Partners bzw. der Partnerin – signalisieren.

Mit der Farbe Schwarz assoziieren wir den Tod; in Träumen symbolisiert sie jedoch häufiger die Angst vor Unbekanntem oder auch eine Falle. Weiß ist die Farbe der Reinheit sowie des Vertrauens und versichert dem Träumenden, auf dem richtigen Weg zu sein.

Oben *Viele glauben, Zahlen im Traum ließen erkennen, auf welches Pferd man setzen, welche Zahlen man tippen sollte. Wer im Traum spielt und gewinnt, erhält keine Ankündigung von Reichtum, sondern eher ein Bild seines Wunsches danach. Zahlen symbolisieren Emotionen und Energien – und offenbaren nichts darüber, wie man zu Wohlstand kommt.*

Wer im Traum vom Schwarzen ins Weiße gelangt, erfährt eine Ermutigung: Es zeigt die Fähigkeit, sich von Ängsten zu befreien!

Das spirituelle Selbst

GEWALT UND KONFLIKT

Gewalt im Traum ist eine Form, in der sich das Unterbewusste von Ärger und Frustrationen aus dem Wachleben entledigt. Sie ist daher kein Ausdruck sadistischer Triebe, sondern vielmehr ein Weg, Gefühle loszuwerden.

Innere Kriege

Vom Gewinn einer Schlacht zu träumen bedeutet, dass Sie innerlich angesichts eines Problems zu einer Entscheidung gelangt sind; wenn Sie aus solch einem Traum erwachen, sollten Sie sich gerüstet fühlen, die Sache anzugehen. Eine Schlacht zu verlieren gilt als Warnung: Seien Sie vorsichtig, und gehen Sie Ihr Problem „richtig" an – suchen Sie keine „Lösung", die auf Sie zurückfallen könnte! Wer im Traum an einem Krieg teilnimmt, kann darin Aggressionen abbauen, die tagsüber unterdrückt werden – aber auch den inneren Wunsch ausdrücken, sich zu beweisen.

Unsere dunklen Engel

Im Traum haben unsere dunklen Engel – das sind Emotionen wie Zorn, Neid und Wut – größere Freiheit sich auszudrücken. Zu träumen jemanden zu töten, stellt die extremste Form dar. Viele sehen darin nur das Herauslassen des latenten Zorns einer Person gegenüber; andere erkennen darin die Eifersucht des Träumenden auf sein „Opfer". Indem er es im Traum tötet, versucht er symbolisch, an ihm bewunderte Eigenschaften zu übernehmen.

Unten *Bilder von Kriegen und Konflikten im Traum beinhalten männliche Aspekte der Psyche. Häufig informieren sie uns in ausgefeilter Symbolik darüber, dass wir eine wichtige Entscheidung zu treffen haben – oder dass in unserem Innern widersprüchliche Emotionen im Streit miteinander liegen.*

Brutale Traumbilder bedeuten nichts Gutes, wenn der Träumende sich an der Gewalt vergnügt.

SCHILD In Träumen stiften Schilde ein Gefühl von Sicherheit – sie symbolisieren Charakterstärke und enthalten das Versprechen, der Träumende werde mit den Problemen fertig, die sich ihm entgegenstellen.

Träumende wissen selten, warum sie vor Gericht stehen. Die Psyche findet dadurch einen Weg, dem Träumenden Unbesonnenheiten und Verhaltensfehler vorzuwerfen.

Wer im Traum den Galgen oder andere Arten der Todesstrafe sieht, wird vor wissentlich falschen Aktionen gewarnt.

Oben *Wer im Traum jemandem Ketten anlegt, erhält ein Zeichen dafür, dass er die andere Person unterdrückt oder sein Misstrauen die Beziehung zerstören kann.*

Rechts *Träumen Sie, sich selbst in den Fuß zu schießen, so seien Sie gewarnt: Schaden Sie sich nicht durch törichte Aktionen selbst – denn bezahlen müssen Sie!*

Die Wahl der Waffen

Waffen symbolisieren ungerichtete Aggressionen und Frustrationen. Wenn Träumende sich selbst jemanden mit einem Schwert angreifen sehen, kann das die Reaktion auf einen empfundenen Angriff im Wachleben sein. So ein aggressiver Akt der Selbstverteidigung rührt häufig von dem Gefühl her, die ganze Welt habe sich gegen einen verschworen.

Gegen Träumende erhobene Dolche sind oftmals Ausdruck des Gefühls, im Leben allein dazustehen. Wer dem Angreifer den Dolch aus der Hand ringt, zeigt, dass er sein Pech überstehen wird.

Ungerechtigkeiten

Träume von Gerichtsverhandlungen und Verurteilungen sind oft unangenehm – sie kennzeichnen eine natürliche Abwehr gegen das Gefühl, kritisiert oder abgelehnt zu werden.

POSITIV TRÄUMEN

Viele Menschen glauben, sie hätten keinerlei Kontrolle über ihre Träume, doch das muss nicht unbedingt der Fall sein. Träume können einiges über unsere Gefühle, Gedanken und Emotionen offenbaren. Ein Traumtagebuch ist eine geeignete Möglichkeit, wichtige Symbole festzuhalten. Indem wir wiederkehrende Muster und Themen beobachten, können wir mögliche Probleme erkennen, die unsere Aufmerksamkeit erfordern – und so unser Leben bei Tage wie im Schlaf verbessern.

Träume erinnern

Sie sollten so viele Informationen wie möglich aus Ihren Träumen aufschreiben. Nachstehend finden Sie eine Liste von Aspekten, die Sie dabei berücksichtigen können.

Sie können diese Liste Ihren Bedürfnissen entsprechend verändern. So finden es manche hilfreich, den jeweiligen Traum in einer Skala von 1 bis 10 zu bewerten (dabei wird die 1 für einen Albtraum vergeben). Andere ergänzen einen Kasten, in dem sie ihre Gefühle vor und nach dem Traum festhalten. Wie das Traumtagebuch im Einzelnen auch gestaltet sein mag – es garantiert Träumenden bedeutende Einblicke in ihre emotionale Verfassung und hilft, Ursachen und Inhalte der Träume besser zu verstehen.

Linke Seite *Entspannen Sie sich vor dem Schlafengehen. Oft hilft es, sich einen Ort vorzustellen, an den Sie sich gern erinnern – das wirkt beruhigend.*

Traumtagebuch

Datum:

Wochentag:

Personen im Traum:

Stimmung und Gefühle im Traum:

Vorherrschende Farben:

Die Geschichte, die im Traum erzählt wird:

Probleme und Konflikte im Traum:

Wie wurde mit den Problemen umgegangen?

Zeit des Traumgeschehens (z. B. Vergangenheit oder Gegenwart):

Vorherrschende Symbole:

Elemente aus vergangenen Träumen, die sich im aktuellen wiederholen:

Das Ende des Traums:

Ergänzende Bemerkungen:

Oben und links *Indem Sie so viele Informationen wie möglich aus Ihren Träumen aufschreiben, werden Sie sie mehr und mehr verstehen. Das Traumtagebuch ist eine nützliche Übung und kann als Gedächtnisstütze dienen, auf die sich später zurückgreifen lässt.*

Oben *Bilder der Hölle, in der groteske Monster hausen, gehören ins Repertoire von Albträumen, denn sie symbolisieren die Angst vor Vergeltung. Wichtig ist jedoch, wie bei allen schlechten Träumen, sich daran zu erinnern: So furchterregend Höllengestalten auch sein mögen – sie wurden zu unserem Wohl erschaffen und können uns physisch nichts anhaben!*

Positiv träumen

Albträume verbannen

Von allen Träumen werden Albträume am häufigsten missverstanden und oft nur als verstörende Bilder einer überbordenden Fantasie angesehen. Tatsächlich sind sie aber der gesunde Ausdruck tief sitzender Ängste und Spannungen. Albtraumhafte Bilder repräsentieren den Wunsch des Träumenden, mit aktuellen Problemen umzugehen – und nicht etwa, sie vor sich selbst zu verbergen. Wenn ein Albtraum Sie schweißgebadet aufwachen lässt, versuchen Sie, Ihre Gelassenheit zurückzugewinnen und sich erneut in den Traum zu begeben. Diesmal jedoch in dem Wissen: Was auch immer meine Dämonen mir antun wollen, sie sind nicht in der Lage, mir tatsächlich Schaden zuzufügen!

Sind die Dämonen als das erkannt, was sie sind, nämlich Betrüger und Hochstapler, können Sie sie bekämpfen. Die effektivste Methode gegen die eigenen Quälgeister ist der Humor. Ein Beispiel: Plagt Sie im Traum ein Vampir, reißen Sie ihm seinen Umhang fort und stellen Sie sich stattdessen einen Rock mit rosa Punkten vor. Was kann er Ihnen in dem Aufzug noch anhaben?

Eine auch bei Kindern wirksame Methode gegen Albträume besteht darin, die Bilder zeichnerisch festzuhalten, der Szenerie helles Sonnenlicht hinzuzufügen und die Schwarztöne der Ängste durch leuchtende Farben zu ersetzen. Mit Fröhlichkeit und Humor können Sie sich so gegen Albträume, die Sie bedrohen, zur Wehr setzen.

Süße Träume

1 Machen Sie sich keine Sorgen über zu wenig Schlaf. Die Schlafmenge, die wir benötigen, variiert beträchtlich – und wir neigen dazu, die tatsächlich benötigte Menge zu überschätzen.

2 Leben Sie aktiv. Wenn Sie Probleme beim Einschlafen haben, dann vielleicht deshalb, weil Ihr Körper nicht müde ist. Bewegung fördert einen tiefen Schlaf.

3 Achten Sie darauf, sich vor dem Zu-Bett-Gehen vollkommen zu entspannen – etwa durch eine leichte Massage, einen Spaziergang oder Gymnastikübungen.

4 Gehen Sie nicht mit vollem Magen ins Bett; zwischen der letzten Mahlzeit und dem Zu-Bett-Gehen sollten mindestens zwei Stunden vergehen. Der Vorgang der Verdauung kann Ihren Schlaf negativ beeinflussen und zu schlechten Träumen führen.

5 Vermeiden Sie körperliche Stimulanzen. Koffeinhaltige Getränke verlängern die Einschlafzeit, Tabak und Alkohol verlängern die Leichtschlafphase – in der Sie leicht durch äußere Einflüsse gestört werden können.

6 Sorgen Sie für ein bequemes Bett; die Matratze sollte fest, aber nicht hart sein.

7 Ihr Schlafzimmer sollte weder zu warm noch zu kalt sein – normalerweise gelten 16–18 °C als optimal. Der Raum sollte dunkel sein und so wenig Geräusche wie möglich hereinlassen.

8 Legen Sie ein Notizbuch neben Ihr Bett, in dem Sie Gedanken festhalten, die Sie beim Einschlafen noch beschäftigen. Nachts können wir kaum etwas aktiv gegen unsere Sorgen tun; doch sie aufzuschreiben hilft, sie aus den Träumen fernzuhalten.

9 Gehen Sie 30 Minuten vor dem Schlafen ins Bett, und lesen Sie ein leichtes Buch, damit Ihr Geist vor dem Schlaf zur Ruhe kommt.

10 Entspannen Sie. Wenn Sie nicht einschlafen können oder mitten in der Nacht aufwachen: Machen Sie sich keine Sorgen! Wenn Sie trotzdem nicht entspannen, lesen Sie noch ein paar Seiten oder denken Sie an einen Ort oder eine Person, bei der Sie sich geborgen fühlen.

Unten *Wenn Sie den Ratschlägen auf dieser Seite folgen, lernen Sie Ihre Träume zu genießen – denn diese können angenehm und süß sein. Und vergessen Sie nicht: Im Schlaf können Sie nichts für Ihre Belange und Sorgen tun; legen Sie sie zur Seite – und lassen Sie sie los.*

REGISTER